# ORDONNANCE

## *DU ROI,*

## POUR RÉGLER

## *L'EXERCICE*

## DE

## *TOUTES LES TROUPES*

## A CHEVAL.

*Du premier Mai* 1777.

*A METZ,*

Chez J. B. COLLIGNON, Imprimeur-
Libraire.

M. DCC. LXXVII.

# TABLE
## DES
# TITRES ET ARTICLES
Contenus dans cette Ordonnance.

TITRE PREMIER,

# TABLE.

# TITRE XV.

Fin de la Table.

# ORDONNANCE DU ROI,

*Pour régler l'Exercice de toutes les Troupes à cheval.*

Du premier Mai 1777.

## DE PAR LE ROI.

SA MAJESTÉ s'étant fait représenter l'Ordonnance du premier Juin 1766, concernant l'Exercice de sa Cavalerie; l'Instruction du premier Mai 1767, concernant celui de ses Dragons; & voulant régler, sans rien changer au fonds des principes, la formation & les manœuvres, relativement à la nouvelle composition; établir, autant qu'il est possible, une uniformité dans les commandemens & les manœuvres des différentes armes; retrancher les détails peu essentiels, & ne prescrire que ce qui est absolument nécessaire : Elle a ordonné & ordonne ce qui suit.

# CAVALERIE.
## TITRE PREMIER.
### De l'Armement & Équipement.

LES Officiers, l'Adjudant, Marechaux-des-logis, Fourriers & Trompettes, auront pour armes offensives un sabre & une paire de pistolets, conformes aux modeles.

Les Fourriers auront en outre, pour les campemens, une fiche de six pieds de longueur, garnie d'une banderolle de la couleur distinctive affectée à chaque Corps, ils porteront a cheval le talon de cette fiche dans une botte à peu près semblable à celle destinée à porter le mousqueton, le bout superieur en arriere

Les Brigadiers, Chevaux-légers & Cavaliers, seront armés d'un sabre, d'une paire de pistolets & d'un mousqueton

Tous les Officiers, bas Officiers, Brigadiers, Cavaliers, Chevaux-legers & Trompettes, porteront le sabre à la ceinture, tombant vers le milieu de la cuisse, & de maniere que le pommeau ne soit pas plus élevé que les crosses des pistolets, afin de pouvoir agir librement de la main de la bride, mais lorsqu'on prendra les armes à pied, tout le monde portera le sabre à la grenadiere, jettant la garde derriere le dos.

Les ceinturons des Officiers feront conformes aux modéles.

Les Officiers fupérieurs, ainſi que les Capitaines, auront pour armes défenſives, une
cuiraſſe & une calotte ; mais les autres Officiers n'auront qu'un plaſtron & un calotte ;
les bas Officiers, Cavaliers & Chevaux-légers,
ne porteront qu'un plaſtron.

Le régiment des Cuiraſſiers continuera de
porter des cuiraſſes, tant les Officiers que les
bas Officiers & Cavaliers.

Les Officiers feront montés ſur des chevaux ayant tous leurs crins, de la taille de
quatre pieds neuf pouces & demi ſous potence, & de tournure convenable.

Il ſera permis aux Officiers fupérieurs, ainſi
qu'aux Chefs d'eſcadrons, d'avoir des chevaux
à courte queue, mais ils auront néanmoins un
cheval à tous crins.

# TITRE II.

*Objets ſur leſquels les Officiers & bas
Officiers doivent étre inſtruits.*

Tous les Officiers, depuis le Meſtre-de-
camp juſqu'au Porte-étendard, ainſi que
l'Adjudant & les bas Officiers, doivent étre
inſtruits des principes de l'équitation, & ſa-
voir exécuter à pied & à cheval, tout ce qui
a rapport à l'exercice preſcrit par la préſente

Ordonnance; afin d'être en état d'exercer &
de conduire leur troupe dans tous les cas: Ils
doivent être également instruits sur tous les
objets relatifs au service.

On accoutumera les Officiers de tous les
grades & les bas Officiers, à n'avoir qu'un
même ton de commandement pour les exercices & manœuvres; ce ton sera bref, distinc-
tif & de toute l'étendue de la voix.

Tous les commandemens d'avertissement ou
d'exécution, qui, par leur longueur, devien-
droient difficiles à être prononcés de suite,
seront coupés en deux ou trois parties : on
prononcera distinctement toutes les syllabes
de la premiere ou des deux premieres parties;
mais on prononcera d'un ton ferme & plus
élevé, la derniere syllabe de tous les avertis-
semens ou commandemens.

Le Commandant de chaque régiment sera
responsable de l'instruction générale des Officiers, bas Officiers & Cavaliers.

Il exercera ou fera exercer les Officiers par
un Officier supérieur, toutes les fois qu'il le
jugera à propos, & leur fera répéter les commandemens, pour les confirmer dans le même
ton.

Le Mestre-de-camp en second, le Lieutenant-colonel & le Major surveilleront l'instruction générale, sous les ordres du Mestre-
de-champ-commandant : les Commandans d'escadrons seront personnellement responsables de

celle de leur compagnie; ils l'exerceront eux-mêmes en totalité, ou en feront exercer séparément, devant eux, les subdivisions par les Officiers qui y sont attachés.

# TITRE III.
## Du Salut des Officiers supérieurs & Porte-étendards.

LEs Officiers & bas Officiers mettront le sabre à la main, le porteront & le remettront dans le fourreau, de la même maniere que les Cavaliers.

Les Officiers supérieurs salueront du sabre en quatre temps, soit à pied, soit à cheval, de pied ferme ou en marchant.

PREMIER. A quatre pas de distance de la personne qu'on devra saluer, élever vivement le sabre perpendiculaire, la pointe en haut, le tranchant à gauche, la garde vis-à-vis & à un pied de distance de l'épaule droite, le coude un demi-pied plus bas que le poignet.

SECOND. Baisser vivement la lame jusqu'à ce que la pointe se trouve vers le pied.

TROISIEME. Relever vivement le sabre la pointe en haut, comme au premier temps.

QUATRIEME. Porter le sabre à l'épaule.

Lorsque les Porte-étendards devront saluer ils l'exécuteront en deux temps.

PREMIER. Abaisser doucement la lance jusqu'auprès de terre, sans cependant que la cravatte la touche.

SECOND. Relevez doucement la lance.

Les Officiers & bas Officiers ne salueront jamais du chapeau étant sous les armes, les Officiers supérieurs salueront seuls du sabre ; & dans le cas où le saint Sacrement passeroit devant une troupe, tous les Officiers, bas Officiers & Cavaliers baisseront, d'un seul temps, la pointe du sabre jusque vers le pied ; & chaque troupe reportera le sabre succeffivement, en se réglant sur son Commandant.

Les Porte-étendards, salueront en même temps de l'étendard.

Si les Cavaliers sont à pied, ils présentetont les armes, mettront le genou droit en terre à six pouces en arriere du talon gauche, appuyant la crosse à terre, vis-à-vis le genou droit, sur l'alignement du talon gauche ; ils la quitteront de la main droite pour la porter au chapeau, sans l'ôter, mais en inclinant la tête.

Tous les Officiers & bas Officiers, après avoir baissé la pointe du sabre mettront, en même temps que la troupe, genou en terre, posant la pointe du sabre vis-à-vis le genou droit, ils s'inclineront & porteront la main gauche au chapeau.

Soit à pied, soit à cheval, les Trompettes sonneront la marche.

Le saint Sacrement étant passé, chaque Chef commandera succeffivement à sa troupe, *debout* ; alors les Officiers & Cavaliers se releveront, & se replaceront sous les armes.

# TITRE IV.

## *De l'Instruction des Recrues à pied.*

LE Capitaine-commandant sera responsable de l'instruction des Recrues. Il choisira pour cet effet, dans sa compagnie, le nombre d'Instructeurs nécessaires, lesquels en seront spécialement chargés; & comme il est essentiel pour le bien du service, que les Recrues soient dressées promptement, Sa Majesté attend du zèle de ceux qui en seront chargés, que le plus grand nombre soit formé dans un mois.

Il y aura un rendez-vous général indiqué pour l'instruction des Recrues, afin que les Officiers supérieurs puissent d'autant mieux juger des progrès.

Le Commandant du régiment fera nommer à l'ordre un Officier qui sera chargé de surveiller l'instruction générale des Recrues, & de faire observer les moyens prescrits & la progression indiquée ci-après.

À l'arrivée d'un homme de recrue, on lui fera prendre connoissance de toutes les parties qui composent son armement & équipement; on l'instruira successivement des principes de la marche & de la charge, comme il suit :

### *Position du Cavalier à pied.*

Les talons joints & posés sur la même ligne,

les pieds en dehors, formant une équerre, les jarets tendus sans roideur, le corps bien à-plomb, la tête droite & libre, la poitrine faillante, les bras tombans naturellement, les mains placées sur le côté de la cuisse.

On accoutumera le Cavalier à l'immobilité, qu'il observera aussi-tôt qu'on lui fera l'avertissement *Garde à vous*; il la conservera jusqu'à l'avertissement, *Repos*.

L'avertissement *Garde à vous*, précédera toute espéce de commandement, auquel le Cavalier sera immobile, & prêtera la plus grande attention.

Après cette premiere position, on donnera à l'homme de recrue son équipement, son armement, & on lui montrera le port d'arme.

## S A V O I R:

Le mousqueton dans la main gauche, le bras presque alongé, les trois derniers doits sous le talon de la crosse, le premier doigt sur la vis, le pouce en dessus, le coude près du corps, l'armé droite & ferme, le canon en dehors, la baguette au défaut de l'épaule.

On lui fera exécuter ensuite les mouvemens de tête par les commandemens de

*Tête=à droite.*
*Tête=à gauche.*
*Tête=directe.*

La tête placée à droite, l'œil gauche doit être dans la direction des boutons de la veste.

On lui montrera enfuite les *à droite*, les *à gauche* & les *demi tour à droite*.

*A droite en un temps.* Tourner fur le talon gauche, élevant un peu la pointe du pied gauche, rapporter en même temps le talon droit à côté du gauche, & fur le même alignement, fans frapper du pied.

*A gauche.* Par les mouvemens contraires.

*Demi-tour à droite.* En deux temps.

PREMIER. Porter le pied droit en arriere, le talon droit à trois pouces du gauche, la boucle vis-à-vis le talon, faifir en même temps le porte-cartouche de la main.

SECOND. Tourner fur les deux talons, élevant un peu la pointe des pieds, ramener le pied droit à côté du gauche, & la main fur la cuiffe.

On obfervera de couper ce commandement de maniere que le premier temps s'exécute après le commandement *demi-tour*, & le deuxieme temps auffi-tôt qu'on aura prononcé *à droite*.

Après cette préparation, on apprendra à l'homme de recrue le *pas ordinaire* & le *pas redoublé*.

L'étendue de chacun de ces pas fera de deux pieds environ, & ils s'exécuteront avec aifance, fermeté & fans affectation.

Au mot *halte*, finir le pas commencé, en rapportant le pied à côté de celui qui eft pofé.

L'homme de recrue, inftruit de la marche, fera exercé à charger fes armes.

PREMIER COMMANDEMENT.

## Chargez vos armes.

*Deux temps*, dans la valeur d'un seul.

PREMIER. Faire *demi-à-droite* sur le talon gauche, le pied droit derriere & contre le gauche, la boucle vis-à-vis le talon, tourner en même temps la platine en dessus, saisir la poignée du mousqueton avec la main droite, l'arme d'à-plomb & détachée de l'épaule.

SECOND. Abattre l'arme de la main droite dans la main gauche, qui la saisit près l'extrêmité supérieure de la platine, de maniere que le petit doigt en touche la partie supérieure, le pouce alongé le long du bois, la crosse sous le bras droit, la poignée contre & au-dessous du teton droit, le bout du canon à hauteur de l'œil, la sous garde un peu en dehors, le coude gauche collé au corps, le pouce de la main droite se placera en même temps contre la batterie, au-dessus du chien, les quatre doigts fermés, l'avant-bras droit le long de la crosse.

### 2. *Ouvrez le bassinet.*

Découvrir le bassinet en poussant fortement la batterie avec le pouce, retirer le coude en arriere, porter la main au porte-cartouche & l'ouvrir.

### 3. *Prenez la cartouche.*

Prendre une cartouche, la tenir entre le pouce & les deux premiers doigts, la porter tout de suite entre les dents.

### 4. *Déchirez la cartouche.*

Déchirer la cartouche jusqu'à la poudre, & l'incliner sur le bassinet.

### 5. *Amorcez.*

*Deux temps,* dans la valeur d'un seul.

PREMIER.

PREMIER. Porter l'œil fur le baffinet, le remplir, ferrer la cartouche près de l'ouverture avec
le pouce & le premier doigt, porter la main droite
derriere la batterie en y appuyant les deux derniers
doigts.

SECOND. Fermer fortement le baffinet, en relevant
la tête, & faifir la poignée du moufqueton avec les
deux derniers doigts fans déranger la cartouche.

## 6. *L'arme à gauche.*

*Deux temps,* dans la valeur d'un feul.

PREMIER. Elever le moufqueton perpendiculairement en étendant le bras droit de fa longueur, coulant la main gauche entre la capucine & l'anneau de la
grenadière, la baguette tournée vers l'épaule, faire
en même temps face en tête, en portant le pied droit
en avant, le talon contré & vis-à-vis la boucle du
pied gauche.

SECOND. Lâcher le moufqueton de la main droite,
le defcendre de la gauche le long & près du corps,
jufqu'à quatre pouces de terre, le faififfant des deux
derniers doigts de la main droite, à un doigt du bout
du canon.

## 7. *Cartouche dans le canon.*

Porter l'œil fur le bout du canon, y mettre la
cartouche en la fecouant, baiffer le coude pour faifir
la baguette avec le pouce & le premier doigt ployé,
& la dégager.

## 8. *Tirez la baguette.*

Tirer tout de fuite la baguette à moitié hors des
tenons, renverfer la main droite, le pouce en bas
pour la faifir près du canon, achever de la tirer,
l'enfoncer dans le canon jufqu'à ce que le petit doigt
en touche le bout.

## 9. *Bourrez.*

B

Remònter la main au bout de la baguette, la chaffer avec force à trois reprifes fans la quitter, & la refortant enfuite jufqu'à moitié de fa longueur, la faifir par le milieu près du bout du canon, la main renverfée en dedans, les ongles en avant, achever de la tirer, & engager le petit bout dans les tenons, pour l'enfoncer tout de fuite, en appuyant le creux de la main fur le gros bout, & replacer la main au bout du canon.

## 10. *Portez vos armes.*

*Deux temps*, dans la valeur d'un feul.

PREMIER. Replacer le pied droit à côté du gauche, élevant en même temps l'arme de la main gauche, pour la faifir de la droite à la poignée, le pouce alongé, la main gauche fe plaçant fous la croffe.

SECOND. Achever de porter l'arme.

## COMMANDEMENS POUR LE FEU.

### PREMIER COMMANDEMENT.

*Apprêtez=vos armes.*

*Pofition du premier rang.*

*Deux temps*, dans la valeur d'un feul.

PREMIER. Comme le premier de la charge, excepté que le pied droit fe portera à fix pouces en arriere.

SECOND. Porter l'arme avec la main droite, vis-à-vis le milieu du corps, le canon en dedans, placer la main gauche, le petit doigt contre le reffort de la batterie, le pouce alongé & à hauteur du menton, placer en même temps le pouce de la main droite fur la tête du chien, les doigts audeffous de la fous-garde, fermer vivement le coude droit en armant, & faifir la poignée,

## *Pofition du fecond rang.*

Au premier temps, le pied droit fe portera fur la droite, à douze pouces du gauche, & fix pouces en arriere de l'alignement.

### 2. *En joue.*

Abaiffer le bout du canon, appuyer la croffe à l'épaule droite, fermer l'œil gauche, baiffer la tête fur la croffe, pour vifer & ajufter devant foi à hauteur de ceinture de l'ennemi, le pouce droit fur la poignée du moufqueton, plaçant le premier doigt fur la détente, & ployant fur la partie gauche.

### 3. *Feu.*

*Deux temps*, dans la valeur d'un feul.

PREMIER. Appuyer avec force le premier doigt fur la détente, fans mouvement de tête.

SECOND. Retirer vivement l'arme pour reprendre la pofition du fecond temps du cinquiéme commandement de la charge, excepté que le pouce faifira la tête du chien avec le premier doigt ployé & les autres fermés, pour le remettre au repos, & que les rangs en retirant l'arme fe remettront dans la pofition du premier temps de la charge.

### 4. *Chien au repos.*

Relever le chien jufqu'au cran du repos, porter auffi-tôt la main au porte-cartouche & l'ouvrir.

Si après avoir fait feu on ne veut point faire charger les armes, on commandera auffi-tôt après, *portez vos armes*. A ce commandement, le Cavalier mettra le chien au repos, fermera le baffinet & portera l'arme, fans qu'il foit néceffaire d'exiger d'enfemble.

On obfervera que les temps de la charge

& du feu n'ont été détaillés que pour l'inftruction particuliere des recrues, & lorfqu'ils en connoîtront le méchanifme, ils les exécuteront alors à volonté, fans s'arrêter fur aucun temps, s'attendre, ni fe régler l'un fur l'autre, tous les commandemens de la charge devant s'exécuter de fuite à la fin du premier commandement.

On montrera en outre aux Cavaliers à exécuter les temps ci-après.

PREMIER COMMANDEMENT.

### *Préfentez vos armes.*

*Deux temps,* qui feront exécutés dans la valeur d'un feul.

PREMIER. Comme le premier temps de la charge, à l'exception que les pieds ne bougent.

SECOND. Achever de tourner l'arme avec la main droite pour la porter d'à-plomb vis-à-vis les boutons de la vefte, la baguette en avant, le chien à hauteur du dernier bouton de la vefte, la main droite à la poignée, la faifir en même temps brufquement avec la gauche, le petit doigt placé contre le reffort de la batterie, le pouce alongé, les bras près du corps.

### 2. *Portez vos armes.*

Tourner l'arme le canon en dehors, l'élever & la placer contre l'épaule gauche avec la main droite, defcendre la gauche fous la croffe, & laiffer tomber la main droite fur le côté.

### 3. *Repofez-vous fur vos armes.*

Saifir l'arme avec la main droite au deffous de l'anneau de la grenadiere, en allongeant le bras

gauche de toute ſa longueur, la lâcher de la main
gauche, & la porter à droite, la baguette en avant,
la croſſe à terre, le talon à un pouce & à hauteur
de la pointe du pied, tenant le canon entre le
pouce & le premier doigt, les autres alongés.

### 4. *Portez vos armes.*

*Deux temps*, dans la valeur d'un ſeul.

PREMIER. Elever vivement l'arme de la main droite,
la laiſſant couler juſqu'à la capucine, tournant en même temps le canon en dehors vis-à-vis l'épaule gauche, & plaçant la main gauche ſous la croſſe.

SECOND. Porter l'arme à l'épaule, replaçant en
même temps la main droite ſur le côté.

### 5. *L'arme au bras.*

Ce commandement s'exécutera en ſaiſiſſant de la
main droite la poignée du mouſqueton, pour laiſſer
la liberté au bras gauche de ſe ployer, la main ſur
l'eſtomac, laiſſant appuyer le chien ſur l'avant-bras,
la main droite pendante.

On reportera les armes au commandement
qui en ſera fait.

### 6. *L'arme ſous le bras gauche.*

Ce mouvement s'exécutera en plaçant la platine
ſous le bras gauche, le canon en deſſous, le bout à
deux pieds de terre, la main gauche au-deſſus de la
capucine, le pouce alongé ſur la baguette.

Lorſque les Brigadiers marcheront à pied à
la tête d'une ſubdiviſion ou d'une poſe de ſen-
tinelle, &c. ils porteront le mouſqueton dans
le bras droit, au défaut de l'épaule, le canon
en arriere & preſque d'à-plomb, le bras tendu,
la main droite embraſſant le chien & la ſous-

garde, la croſſe à plat , le long de la cuiſſe, & la main gauche pendante ſur le côté.

---

# TITRE V.

## *Inſpection à pied.*

LEs Cavaliers feront formés ſur deux rangs, ouverts à quatre pas.

La poſition du Cavalier repoſé ſur l'arme , ſera ordinairement, ayant la main baſſe , comme à la fin du commandement de *Repoſez-vous ſur vos armes.*

*Garde à vous.*

### *Inſpection des armes.*

Faire *demi-à-droite* ſur le talon gauche, plaçant le pied droit en avant; le talon contre & vis-à-vis la boucle du pied gauche; ſaiſir l'arme de la main gauche, pour la placer comme au ſecond temps du ſixiéme commandement de la charge; ſaiſir auſſitôt la baguette, la tirer, comme il eſt expliqué à la charge, & la laiſſer gliſſer dans le canon, la main ſe replaçant au bout. Dès que l'Officier paſſera devant le Cavalier, celui-ci élevera la baguette & la laiſſera retomber; ſi l'Officier veut de plus viſiter l'arme, il la prendra, & la rendra au Cavalier, qui, après avoir remis la baguette, ſe repoſera ſur le mouſqueton, faiſant face en tête.

Les Inftructeurs obferveront d'exécuter eux-mêmes les différens mouvemens devant les Recrues, afin de joindre l'exemple au précepte.

Lorfqu'à l'affemblée générale des Recrues, il s'en trouvera un nombre fuffifamment inftruits des détails ci-deffus, on les réunira, pour être exercés enfemble par l'Officier commandé à l'ordre, lequel les inftruira des principes d'alignement & de converfion.

Le Commandant du Corps choifira un des Trompettes, qu'il chargera de l'inftruction des autres, laquelle fe bornera aux fonneries réglées & jointes à la préfente Ordonnance.

La Cavalerie ne devant combattre à pied que dans des cas imprévus, il eft inutile d'en exiger une grande précifion pour les mouvemens ci-deffus, ce qui ne pourroit s'acquérir qu'au préjudice des manœuvres à cheval, feul objet effentiel. En conféquence, Sa Majefté défend très-expreffément à tous les Officiers fupérieurs des Corps, de paffer les bornes de cette inftruction, qui n'a pour but que de mettre les Recrues en état de fe fervir de leurs armes & de monter la garde. Quant aux manœuvres, on n'en exécutera d'autres à pied que celles qui font prefcrites à cheval, pour les faire concevoir d'autant mieux aux Cavaliers; & dans l'un & l'autre cas, on fe fervira des mêmes commandemens.

# TITRE VI.

## De l'Inſtruction des Recrues à cheval.

LE Capitaine-commandant ſera reſponſable
de l'inſtruction des Recrues ; mais cette partie
eſſentielle exigeant de la part des Officiers &
bas Officiers qui y ſeront employés, une intelligence, une patience & une douceur que tous
les hommes ne réuniſſent pas au même degré,
il choiſira dans ſa compagnie le nombre d'Inſ-
tructeurs néceſſaire, leſquels en ſeront ſpécia-
lement chargés ſous les ordres de l'Officier
déſigné pour l'inſtruction d'équitation ; rien
n'étant plus important pour le bien du ſervi-
ce, que les Recrues ſoient dreſſées promptement : Sa Majeſté entend que le plus grand
nombre ſoit formé & en état d'entrer dans l'eſcadron en quatre mois, non compris l'inſtruction à pied.

Cette inſtruction comprendra le panſement
du cheval, l'équipement & tous les détails
relatifs à l'équitation, ainſi qu'ils ſont preſcrits
progreſſivement dans l'inſtruction jointe à la
préſente Ordonnance.

Il y aura un lieu deſtiné pour l'inſtruction
des Recrues, & les Officiers ſupérieurs veilleront à l'uniformité des principes.

Le Commandant du corps fera nommer un

Capitaine en second, pour veiller au bon ordre & à l'application qu'exige une instruction
aussi utile.

# TITRE VII.

## De la Formation.

LORSQUE la Cavalerie montera à cheval,
ou qu'elle prendra les armes à pied par régiment, escadron, peloton ou section, elle sera
toujours formée sur deux rangs.

Chaque régiment sera rangé dans l'ordre
ci-après.

La compagnie ou escadron des Chevaux-
légers sera placée à la droite du régiment,
sous la dénomination de *premier escadron.*

La compagnie Mestre-de-camp sera placée
à la gauche des Chevaux-légers, sous la dé-
mination de *second escadron.*

La troisiéme compagnie, commandée par
le premier Capitaine, sera placée à la gauche
de la Mestre-de camp, sous la dénomination
de *troisiéme escadron.*

La compagnie Lieutenante-colonelle sera
placée à la gauche de la troisiéme, sous la
dénomination de *quatriéme escadron.*

La quatriéme compagnie, commandée par
le second Capitaine, sera placée à la gauche
de la compagnie Lieutenante-colonelle, sous
dénomination de *cinquiéme escadron.*

Toutes ces compagnies feront chacune for-
mées par rang de taille de droite à gauche;
les plus grands hommes feront placés au premier rang : les Brigadiers feront également
formés par rang de taille entr'eux, & feront
placés au premier rang à la droite & à la gauche des sections. Le contrôle en sera fait dans
cet ordre, tous les quatre mois, afin que chaque Cavalier connoisse la place qu'il doit occuper en bataille.

Chaque compagnie sera divisée en deux pelotons & quatre sections.

Les pelotons, dans chaque compagnie, seront désignés en commençant à droite, par
premier & second pelotons; & les sections,
par premiere, seconde, troisiéme & quatriéme
sections.

On observera de plus, de mettre sur les aîles
des pelotons, les chevaux qui y feront les plus
propres.

## *Places des Officiers & bas Officiers dans chaque Compagnie.*

Le Capitaine-commandant, devant le centre de sa compagnie, la croupe de son cheval
à deux pas du premier rang.

Le Capitaine en second, en serre-file, la
tête de son cheval à quatre pas derriere le
centre.

Le premier Lieutenant, à la droite du premier rang, joignant le Brigadier.

Le second Lieutenant, à la gauche du premier rang, joignant aussi le Brigadier.

Le premier Sous-lieutenant, en serre-file, derriere le centre de la seconde section.

Le deuxiéme Sous-lieutenant, en serre-file, derriere le centre de la troisiéme section.

Le premier Maréchal-des-logis, en serre-file, derriere le centre de la premiere section.

Le second Maréchal-des-logis, en serre-file, derriere le centre de la quatriéme section, ayant tous la tête de leurs chevaux à deux pas du dernier rang.

Les fonctions du Fourrier exigeant un travail intérieur & presque journalier, il n'aura aucune place fixe dans la formation; il y remplacera néanmoins l'un ou l'autre Maréchal-des-logis, en cas d'absence : & quand la totalité du régiment devra paroître, il sera placé en serre-file, derriere la premiere file de l'escadron, sur l'alignement des Maréchaux-des-logis.

Les deux Etendards seront placés au premier rang, à l'avant derniere file du premier peloton des compagnies Mestre-de-camp & Lieutenante-colonelle, & feront nombre dans leur section.

Les deux Trompettes de chaque compagnie seront placés à la droite de l'escadron, sur l'alignement du premier rang, ou seront tous réunis sur deux rangs, à la droite de la com-

pagnie Meftre-de-camp, lorfque le Commandant le jugera à propos, excepté les deux des
Chevaux-légers.

En cas d'abfence d'un Commandant d'efcadron, il fera remplacé par le Capitaine en
fecond de l'efcadron; celui-ci par un des Capitaines réformés ou à la fuite; ces derniers
le feront par les Officiers du même efcadron,
de grade en grade; mais les Lieutenans &
Sous-lieutenans ne feront remplacés entr'eux,
que lorfque le Commandant du régiment le
jugera néceffaire.

## *Places des Officiers fupérieurs.*

Le Meftre-de-camp-commandant n'aura aucune place fixe; il fe tiendra en avant ou
en arriere du centre du régiment, & à la
diftance qu'il jugera à propos, pour faire les
commandemens, ayant le Major à portée de
lui.

Le Meftre-de-camp en fecond à fix pas
en avant du premier rang, vis-à-vis l'intervalle
du premier au fecond efcadron.

Le Lieutenant-colonel, fur le même alignement, vis-à-vis l'intervalle du quatriéme ou
cinquiéme efcadron.

Le Quartier-maître, vu fes fonctions, ne
paroîtra que les jours de revue, & fe placera
à la gauche du régiment, fur l'alignement du
premier rang.

L'Adjudant fe placera fur l'alignement des

ferre-files, vis à-vis l'intervalle du deuxiéme au troifiéme efcadron.

L'intervalle ordinaire entre les efcadrons fera de la moitié de leur front; il fera le même d'un régiment à l'autre : on pourra les augmenter ou diminuer, fuivant les circonftances; & lorfqu'elles exigeront de les refferrer, pour fe former en muraille, on confervera feulement un intervalle de fix pas.

L'intervalle fera augmenté pour les régimens de feconde ligne, & fera du front d'un efcadron.

Les régimens feront exercés à manœuvrer alternativement dans ces différens ordres de bataille : le Commandant, chaque jour d'exercice, préviendra de l'ordre dans lequel il voudra faire manœuvrer.

Lorfqu'on exercera en muraille, on placera les Trompettes en arriere de la place qui leur eft défignée fur l'alignement des ferre-files.

Les régimens feront auffi exercés à manœuvrer alternativement, la droite & la gauche en tête.

# TITRE VIII.

## *Des Sonneries pour fervir de fignal à la Cavalerie.*

LOrsque toute la Cavalerie & toutes les Troupes d'une garnifon, d'un quartier ou d'un camp, devront monter à cheval, & prendre les armes, tous les Trompettes fonneront le *boute-felle*, auquel fignal on fellera, & le Cavalier tiendra fon équipage prêt à charger.

S'il n'y a qu'une partie de la Cavalerie d'une garnifon, d'un quartier ou d'un camp qui doive monter à cheval ou prendre les armes à pied, on fonnera des *appels* au lieu du *boute-felle*, à ce fignal, on fellera.

Lorfqu'on fonnera le *boute-charge*, on bridera; fi l'on doit partir d'un camp, on détendra les tentes & on chargera.

Quand on fonnera *à cheval*, toutes les compagnies fe formeront en bataille, foit à la tête du camp, foit au quartier d'affemblée de chaque régiment.

En cas d'alerte ou de furprife, où il fera néceffaire de monter promptement à cheval pour fe mettre en état de défenfe, on fonnera *aux armes* au lieu du *boute-felle*, & le Cavalier chargera, bridera & montera à cheval avec la plus grande célérité.

# TITRE IX.

## *De l'Affemblée d'un Régiment.*

A la fonnerie indiquée pour l'affemblée, les Officiers & bas Officiers feront fortir auffi-tôt les Cavaliers, les formeront en bataille à rangs ouverts à quatre pas, les feront monter à cheval, en feront l'appel & l'infpection. Si les Officiers, lors de cette infpection, trouvoient quelqu'un en faute, ils le puniroient & en rendroient compte au Capitaine en fecond.

Le Commandant d'efcadron, après avoir reçu les comptes du Capitaine en fecond, fera, s'il le juge à propos, l'infpection des armes, conformément à ce qui eft prefcrit ci-après, & examinera s'il ne manque rien aux hommes ni aux chevaux.

Dans le cas où il s'appercevroit de quelque négligence ou tolérance de la part des Officiers fur ces objets, il les puniroit, & en rendroit compte en même temps que de fon infpection, au Commandant du corps, à l'arrivée au rendez-vous du régiment où doivent fe trouver les Officiers fupérieurs.

# TITRE X.
## *De l'Infpection à Cheval.*
### *Garde à vous.*

A cet avertiffement, toute Troupe de pied ferme & au repos, ajuftera les rênes.

## *Infpection des armes.*

A ce commandement, les Cavaliers dégageront le moufqueton, & feront haut le moufqueton en deux temps.

PREMIER. Saifir le moufqueton à quatre doigts au-deffus de la platine, le tirer à foi pour le dégager de la botte, couler la main droite par-deſſus la platine, pour le ſaiſir á la poignée, par-devant la courroie du porte-croſſe.

Second. Elever le mouſqueton pour appuyer la croſſe ſur la cuiſſe, le bout haut & vis-à-vis l'épaule droite.

Ils paſſeront l'arme à gauche en deux temps.

Premier. Paſſer la croſſe à gauche entre les rênes & le corps, la platine en avant, étendant le bras droit de toute ſa longueur, & le ſaiſir de la main gauche à quatre doigts au-deſſus de la platine, le pouce ſur le canon.

Second. Placer la croſſe entre la fonte & l'épaule du cheval, ſaiſir de là main droite le mouſqueton à un doigt du bout du canon, & dégager la baguette; ils la tireront, la mettront dans le canon & la remettront en ſon lieu, comme il eſt preſcrit à l'Inſpection à pied.

A meſure que l'Officier aura fait l'inſpection du mouſqueton d'un Cavalier, celui-ci fera haut le mouſqueton en deux temps.

Premier. Elever de la main gauche le mouſqueton, le ſaiſir de la droite à la poignée, paſſant la croſſe entre les rênes & le corps, pour le tenir horizontalement, ou armes plates.

Second. Elever de la main droite le mouſqueton & le quitter de la gauche, porter la croſſe ſur le plat la cuiſſe, le bout en haut & vis-à-vis l'épaule droite.

Il remettra le mouſqueton à la botte en un temps.

Baiſſer le bout du mouſqueton en portant la main un peu à droite, engager la croſſe dans ſa courroie, & faire entrer le bout du canon dans ſa botte.

Il

Il prendra le piftolet gauche en un temps.

Porter la main droite par-deffus les rênes fur la croffe du piftolet gauche, le tirer de fa fonte & le placer dans la main gauche, le tenant à la poignée, perpendiculaire, la platine en avant.

Il mettra la baguette dans le canon en un temps.

Tirer la baguette & la mettre dans le canon, l'élever & la laiffer retomber à mefure que l'Officier paffera, remettre enfuite la baguette & le piftolet dans fa fonte, le paffant par-deffus les rênes.

Il répétera les mêmes mouvemens avec le piftolet droit, obfervant de placer les doigts entre la croffe & la felle, les ongles en-def-fous, tant pour le prendre que pour le re-mettre.

Il mettra le fabre à la main en deux temps bien diftincts.

PREMIER. Porter la main droite par-deffus les rê-nes, paffer le poignet dans le cordon, faifir le fabre à la poignée, pour dégager la lame du fourreau d'environ quatre doigts.

SECOND. Tirer vivement le fabre & le porter, appuyant le dos de la lame contre l'épaule droite, le poignet un peu plus bas que la main gauche, le petit doigt derriere la poignée.

Le Cavalier préfentera le fabre en trois temps à l'Officier, à mefure qu'il s'arrêtera devant lui.

PREMIER. Le porter en avant, le bras demi-ten-du, la coquille à hauteur & à un pied de diftance du menton, le fabre perpendiculaire, le plat de la lame en avant, le tranchant à gauche, le pouce

C

alongé fur le côté droit de la poignée , repaffant le petit doigt en avant.

SECOND. Tourner le poignet en dedans pour ptéfenter l'autre côté de la lame.

TROISIEME. Reporter le fabre à l'épaule , dès que l'infpection en eft faite.

## Il remettra le fabre en deux temps.

PREMIER. Elever le fabre perpendiculaire, la pointe en haut ( repaffant toujours le petit doigt fur la poignée toutes les fois qu'on portera le fabre en avant ) la coquille à hauteur & à un pied de diftance du menton.

SECOND. Approcher le poignet près & vis-à-vis l'épaule gauche , baiffer la lame de maniere qu'elle paffe en croix le long du bras gauche, la pointe derriere, la remettre dans le fourreau, & tournant enfuite la tête il la replacera à droite , & ajuftera les rênes.

Bien entendu que tous ces mouvemens , après le commandement , *Infpection des armes* , doivent s'exécuter de fuite fans marquer les temps , & fans s'attendre ni fe régler l'un fur l'autre.

L'infpection finie, le Commandant d'efcadron marquera & égalifera les fections , fera ferrer les rangs & compter les Cavaliers par quatre, commençant dans chaque fection par la droite de chaque rang ; ce qui étant exécuté, les Officiers fe placeront ainfi qu'il eft prefcrit à la formation.

Lorfque l'efcadron fera prêt à marcher, le Commandant fera rompre par deux , par quatre , par fection ou par peloton.

On se conformera pour la marche en colonne à ce qui est prescrit au *Titre II*, article 4.

Arrivé sur le terrein, le Commandant du régiment fera égaliser les sections; celles qui auront reçu ou fourni des files se recompteront de nouveau par quatre.

Les files égalisées, s'il restoit quelques Cavaliers excédans, le Commandant les enverra derriere le régiment.

Le Commandant du régiment fera, s'il le juge à propos, une inspection générale; & pour cet effet il fera ouvrir les rangs. Le Commandant de chaque escadron l'accompagnera à mesure qu'il passera dans les rangs de son escadron, & il sera responsable des défectuosités que le Commandant du régiment pourroit y trouver.

Lorsqu'on voudra faire charger les armes, on fera les commandemens ci-après.

### PREMIER COMMANDEMENT.

*Chargez vos armes.*
*Trois temps.*

Les deux premiers comme au premier commandement de l'inspection à cheval.

TROISIEME. Laisser tomber le mousqueton horizontalement ou armes plates sur la main gauche, qui le saisira près de la partie supérieure de la platine, le pouce sur le canon; placer aussi-tôt le pouce droit contre la batterie au-dessus du chien, les quatre doigts fermés.

2. *Ouvrez le bassinet.*

*Un temps.*

Comme au deuxiéme commandement de la charge à pied.

3. *Prenez la cartouche.*

4. *Déchirez la cartouche.*

5. *Amorcez.*

Ces commandemens s'exécuteront comme il est prescrit à pied.

6. *L'arme à gauche.*

*Deux temps.*

Comme à l'inspection à cheval, excepté qu'on saisira le canon à un doigt du bout avec les deux derniers doigts de la main droite.

7. *La cartouche dans le canon.*

8. *Tirez la baguette.*

9. *Bourrez.*

Comme dans la charge à pied.

10. *Haut le mousqueton.*

11. *Mousqueton à la botte.*

Comme à l'inspection à cheval.

12. *Chargez le pistolet.*

Sortir le pistolet gauche de sa fonte, le placer dans la main gauche, qui le saisira près de la partie supérieure de la platine, le pouce sur le canon, le bout un peu élevé & dirigé à gauche, découvrir le bassinet, prendre la cartouche, le charger ; observant, pour mettre la cartouche dans le canon & bourrer, de renverser le poignet gauche de maniere que le canon se trouve en-dessous, le bout élevé & dirigé à droite.

Pour boutrer le piftolet, donner au moins trois coups de baguette.

Remettre le piftolet gauche, charger le droit & le remettre dans fa fonte.

Tous les mouvemens prefcrits pour la charge, s'exécuteront de fuite après le premier commandement, fans s'arrêter fur aucun temps, fans attendre ni fe régler l'un fur l'autre.

On obfervera la même regle après le commandement de *charge₂ les piftolets.*

*Compofition du détachement qui doit aller chercher les Etendards.*

Un peloton de Chevaux-légers, ou en cas qu'ils foient détachés, un peloton des autres compagnies à tour de rôle.

Les deux Porte-étendards & huit Trompettes.

*Difpofition de ce Détachement.*

La premiere fection fournira l'avant & l'arriere-garde.

La feconde fection reftera entiere, commandée par le Sous-lieutenant.

Deux Cavaliers d'avant-garde, le moufqueton haut, un Brigadier & deux Cavaliers ayant le fabre à la main.

Les huit Trompettes fur deux rangs.

Le Maréchal-des-logis.

Seize Cavaliers de la premiere fection, marchant par quatre.

Les deux étendards.

Le Sous-lieutenant à la tête de la seconde section, marchant par quatre.

Un Brigadier & deux Cavaliers d'arriere-garde, le mousqueton haut.

Le Lieutenant sur le flanc de cette colonne, à hauteur des étendards.

Ce détachement marchera dans cet ordre sans bruit de trompettes ; arrivé au lieu où seront les étendards, il y sera formé en bataille.

Le Maréchal-des-logis mettra pied à terre, ira prendre les étendards pour les donner aux Porte-érendards.

Dès que les étendards paroîtront, le Commandant du détachement fera mettre le sabre à la main, & se mettra en marche dans le même ordre qu'il sera venu, les Trompettes sonnant.

A l'arrivée des étendards, & à vingt-cinq pas, le Commandant du corps fera mettre le sabre à la main ; l'escorte des étendards passera devant le front du régiment, où chaque Porte-étendard prendra sa place ; le peloton qui les aura escortés ira de même prendre la sienne, ainsi que les Trompettes.

Si les étendards étoient trop éloignés du lieu d'assemblée du régiment, le Commandant feroit partir leur escorte avant de le faire monter à cheval.

Dans les camps, les Porte-étendards prendront fans appareil les étendards, & iront occuper leur place.

## COMMANDEMENS POUR LES FEUX.

Dans le cas où une Troupe feroit obligée de faire feu, le Commandant fe placera à la droite.

### PREMIER COMMANDEMENT.

#### *Haut les armes.*

Comme à l'infpection à cheval.

### 2. *Apprêtez vos armes.*

Armer le moufqueton avec le pouce, fans le fecours de la main gauche, en tirant le chien en arriere, jufqu'à ce qu'il foit affuré dans le cran, le premier doigt fur la fous-garde.

### 3. *En joue.*

Porter de la main droite la croffe à l'épaule ; & pour foutenir le moufqueton, on avancera la main gauche vers la tête du cheval, fans quitter ni alonger les rênes; placer en même temps le premier doigt de la main droite fur la détente, & ajufter à hauteur de ceinture de l'ennemi.

### 4. *Feu.*

*Deux temps*, dans la valeur d'un feul.

PREMIER. Appuyer avec force le doigt fur la détente, fans baiffer la tête, ni faire aucun mouvement.

SECOND. Retirer l'arme, la laiffant tomber horizontalement ou arme plate fur la main gauche, qui la faifira près de la partie fupérieure de la platine, le pouce fur le canon, le pouce droit fur le chien, & le premier doigt fur la détente.

Si après avoir fait feu, on ne veut point faire charger les armes, on mettra le chien en repos, on fermera le baffinet, & on commandera :

### 5. *Haut les armes.*

Comme à l'infpection à cheval.

*Moufqueton à la grenadiere.*

*Deux temps*, dans la valeur d'un feul.

PREMIER. Elever le moufqueton horizontalement en travers au-deffus de la tête, le bout dirigé vers la gauche, la platine en-dedus ; paffer tout de fuite la tête & le bras droit entre la grenadiere & le moufqueton, laiffant tomber la croffe à droite, la main appuyée deffus, les doigts alongés.

SECOND. Pouffer la croffe en arriere & replacer la main fur le côté.

### 7. *Piftolet à la main.*

Comme au deuxiéme temps de la charge, excepté qu'on n'ouvrira pas le baffinet, qu'on placera auffi-tôt le pouce droit fur le chien, & le premier doigt fur la partie fupérieure de la fous-garde.

### 8. *Apprêtez le piftolet.*

*Deux temps*, dans la valeur d'un feul.

PREMIER. Armer le piftolet.

SECOND. Elever le bout en haut, le poignet à hauteur & à un demi pied de diftance de l'épaule droite, la fous-garde en avant.

### 9. *En joue.*

Alonger le bras en avant, paffer le premier doigt fur la détente la fous-garde en-deffous, inclinée un peu à droite, le bout du piftolet dirigé généralement à hauteur de ceinture de l'ennemi.

70. *Feu.*

*Deux temps.*

Comme au quatriéme commandement pour le mousqueton, & remettre le pistolet dans sa fonte.

Même exécution pour le pistolet droit.

11. *Ajustez vos rênes.*

Comme à l'instruction d'équitation.

12. *Sabre à la main.*

Comme à l'inspection à cheval.

13. *Haut le sabre.*

PREMIER RANG. Porter le sabre en avant pour pointer, le poignet tourné en tierce & à hauteur des yeux, le bras presque tendu, le tranchant de la lame à droite, la pointe un peu plus basse que le poignet.

SEGOND RANG. Elever le sabre, le bras demi-tendu, le poignet perpendiculaire sur l'épaule droite & un peu plus élevé que la tête, le tranchant de la lame en l'air, la pointe derriere, mais inclinée un peu à gauche & plus élevée d'un pied que le poignet.

14. *Portez le sabre.*

15. *Remettez le sabre,*

Comme à l'inspection à cheval.

16. *Haut le mousqueton.*

*Deux temps*, dans la valeur d'un seul.

PREMIER. Porter la main droite sur la crosse, l'attirer en avant pour passer tout de suite le bras droit entre le corps & le mousqueton qu'on saisira par-dessous à la poignée, le passer en travers par-dessus la tête. & le tenir perpendiculaire vis-à-vis & à un pied de distance de l'épaule droite, la main à hauteur de l'épaule, la sous-garde en avant.

Second. Appuyer la croſſe ſur la cuiſſe, le bout haut & vis-à-vis l'épaule droite.

### 17. *Mouſquetons à la botte.*

*Deux temps.*

Comme à l'inſpection à cheval.

### 18. *Ajuſtez vos rênes.*

Comme à l'inſtruction d'équitation.

Tous les mouvemens preſcrits pour l'exécution des feux, s'exécuteront après l'énoncé de chaque commandement, ſans s'arrêter ſur aucuns temps, ſans s'attendre ni ſe régler l'un ſur l'autre.

# TITRE XI.

## *Principes généraux pour les Manœuvres.*

### ARTICLE PREMIER.

### *Premiers élémens.*

UN *régiment en bataille.* eſt formé de tous ſes eſcadrons à côté les uns des autres.

*Un régiment en colonne* eſt formé de tous les eſcadrons, pelotons, ſections, &c. les uns derriere les autres.

*Intervalle* eſt l'eſpace vuide qui ſe trouve entre les eſcadrons d'un régiment en bataille.

*Ordre de bataille tant plein que vuide;* il ſe nomme ainſi quand les intervalles ſont égaux au front des escadrons ; quand ils ne font que de la moitié du front , il se nomme *ordre de bataille ordinaire* ; mais quand ces intervalles ne font que de six pas, l'ordre de bataille est plein , ou ce qui est la même chose , *en muraille.*

Un régiment formé en bataille par *la gauche* , ou en *ordre invers* , a ses premiers escadrons placés à la gauche de la ligne, & les derniers à la droite.

*Colonne renversée* ou *la gauche en tête* , est celle dont les dernieres Troupes se trouvent en avoir la tête.

*Distance* signifie l'espace vuide d'une Troupe à une autre, en colonne.

*Marche diagonale.* Elle n'est ainsi nommée que par rapport à l'alignement d'où l'on part , puisqu'elle devient directe après le demi-quart de conversion qui dispose la Troupe à marcher de front sur le point déterminé

*Marche oblique.* C'est se porter en avant en gagnant du terrein vers la droite ou vers la gauche, sans changer de front.

*Tête à botte.* C'est faire un demi à droite ou un demi à gauche par file , pour disposer une Troupe à marcher plus ou moins diagonalement vers l'un des flancs , soit pour changer la direction d'une colonne , éviter un obstacle en marchant , &c. chaque Cavalier portant la tête de son cheval à la botte de son voisin , pour marcher ainsi liés les uns aux autres.

*Déploiemens par file.* Ce mouvement s'exécute par les deux rangs ; les Cavaliers de l'une ou l'autre aile, faifant fucceffivement *à droite* ou *à gauche*, pour fe porter enfuite en colonne fur le point déterminé, & s'y reformer en bataille par le mouvement contraire, à mefure qu'ils y arrivent.

*Pivot*, eft l'homme du premier rang de l'une des ailes d'une Troupe, lequel forme le point central d'une converfion.

*Pivot mouvant*, eft le même homme qui, pendant une converfion, gagne plus ou moins de terrein circulairemeut en avant.

*Déboîtement*, exprime le commencement d'une converfion exécutée par les pelotons ou fections d'un efcadron en bataille, dont l'aile fe fépare ( ou fe déboite ) du pivot de la Troupe qui l'avoifine.

*Emboîtement*, exprime de même la fin d'une converfion exécutée par les pelotons ou fections d'un efcadron brifé pour fe mettre en bataille, dont l'aile de chaque Troupe fe joint ( ou s'emboîte ) au pivot de celle qui précéde.

*Chef-de-file.* Tous les hommes du premier rang d'une Troupe, doivent être connus fous cette dénomination.

*Guide*, eft l'homme du premier rang de l'une des ailes d'une Troupe, qui obferve la direction dans la marche en colonne, & fur lequel la Troupe doit s'aligner.

*Serre-file*, eſt la place qu'occupent les Officiers & bas Officiers derriere leur Troupe.

*Profondeur* ou *hauteur*, exprime la quantité de rangs dont une troupe eſt compoſée ; on dit qu'une Troupe eſt ſur deux ou trois de hauteur, lorſqu'elle eſt compoſée de deux ou de trois rangs.

Il eſt connu que le cheval monté occupe en épaiſſeur le tiers de ſa longueur, cette épaiſſeur eſt évaluée à trois pieds environ ou à un grand pas ; conſéquemment la longueur du cheval étant de trois pas, les deux rangs en occupent ſix de profondeur, ſur leſquels ils ſe trouvent l'eſpace néceſſaire d'un rang à l'autre pour éviter ler atteintes dans la marche.

Les hommes d'un même rang doivent être alignés de maniere que chaque homme, ſans déranger la tête, n'aperçoive que le ſecond & troiſiéme homme du rang vers le côté où il s'aligne.

Les Cavaliers du ſecond rang, doivent avoir de plus l'attention d'être ſur la direction de leur Chef-de-file, pouvant remplir également ces deux objets ſans déranger la tête.

Toute ſubdiviſion deſtinée à manœuvrer, doit avoir plus ou moins de front, relativement à la quantité de rangs dont elle eſt compoſée.

Pour manœuvrer ſur deux rangs, les ſubdiviſions doivent avoir un front plus étendu

que n'eft la profondeur des rangs pour la facilité des mouvemens circulaires ; quoique à la
rigueur il y ait poffibilité de les faire fur un
front égal à la profondeur. Mais il faut avoir
égard à la ligne diagonale qui part du pivot
du premier rang, & qui fe termine au Cavalier du fecond rang de l'aile oppofée, laquelle
excede plus ou moins le front de la troupe,
fuivant que ce même front eft plus petit ou
plus grand ; c'eftpourquoi, plus les fubdivifions auront de front, moins la diagonale fera
fenfible, & plus le déboîtement des ailes qui
auront à tourner fera facile.

La diftance entre les rangs ouverts, foit à
cheval, foit à pied, fera de quatre grands pas
ou de douze pieds depuis la croupe du cheval de devant, jufqu'à la tête de celui qui
le fuit, & elle ne fera que d'un pied environ,
lorfque les rangs devront être ferrés ; cette
diftance fe comptera à pied, des talons du premier rang à la pointe des pieds du fecond.

L'intervalle ordinaire d'un efcadron à l'autre
fera de la moitié du front d'un efcadron, ainfi
qu'il a été déterminé, il ne fera pas plus confidérable d'un régiment à un autre.

Plus les intervalles font petits, & moins
les flancs des efcadrons font expofés. C'eft
pourquoi on a prefcrit l'ordre de bataille en
muraille, afin de pouvoir employer l'un ou
l'autre, fuivant les circonftances.

Quant aux efcadrons qui feront en feconde

ligne, ils obferveront des intervalles égaux à leur front, pour la former dans un ordre tant plein que vuide. Cette feconde ligne fera éloignée de la premiere de cent vingt, cent foixante ou trois cents pas environ, felon qu'elle fera compofée d'un régiment, d'une brigade ou de plufieurs, en proportion de la premiere.

## ARTICLE 2.

### *Regle à obferver pour faire mouvoir une Troupe.*

CHAQUE commandement fera précédé de l'avertiffement *garde à vous*, qui fervira de fignal aux Cavaliers, pour raffembler leur chevaux, prendre l'immobilité & prêter toute leur attention.

Ils ne fe mettront en mouvement qu'au mot *marche*, & ne s'arrêteront qu'au mot *halte*, & s'aligneront auffi-tôt à droite ou à gauche au mot *alignement*, ou *à gauche alignement*.

Lorfqu'une ligne fe rompra par un quart de converfion par efcadron, peloton ou fection de pied ferme, le Commandant de chacune de ces fubdivifions jugera de l'inftant où le mouvement doit finir, pour commander *halte*, *à gauche=alignement*, fi on a rompu à droite, & *alignement*, fi on a rompu à gauche.

Quand on fera le feul commandement *marche*, à une Troupe qui fera de pied ferme, foit en bataille ou en colonne, toute la ligne ou toutes les Troupes de la colonne s'ébranleront en même temps , pour marcher au pas feulement.

Toute Troupe en marche à qui il aura été ordonné de faire un mouvement de converfion par efcadron, peloton ou feſtion , pour fe mettre en bataille ou pour fe rompre en colonne , l'aile marchante de chacune de ces fubdivifions , l'exécutera du même degré de vîtefle dont la Troupe marchoit précédemment , afin d'arriver toutes en même temps. Si l'on veut accélérer le mouvement , le Commandant indiquera le degré de vîtefle avant le mot *marche.*

## ARTICLE 3.

### *Circonſtances qui doivent déterminer la maniere de rompre un régiment ou une ligne.*

LE principe à fuivre pour faire marcher un régiment fur un front plus ou moins grand, doit être aflujetti aux circonſtances.

Lorfqu'on a pour objet de marcher à l'ennemi , il faut s'éloigner le moins poffible de l'ordre de bataille ; conféquemment on fe rompra par le plus grand front que le terrein le permettra.

Si l'on n'a d'autre objet en rompant un régiment que celui de le mettre en route, on préférera de le faire marcher par un petit front.

ARTICLE 4.

# ARTICLE 4.
## *De la marche en colonne.*

LORSQU'UN régiment se rompra en colonne
par subdivision, le premier Lieutenant de chaque escadron marchera à la tête de la premiere; les Sous-lieutenans & Maréchaux-des-logis
resteront en serre-file derriere leur section, & le
second Lieutenant à sa place de bataille, excepté
le seul cas où l'on marcheroit par quatre ou par
un moindre front, qu'il se joindroit à la gauche du Maréchal-des-logis de serre-file de sa
section ; dans ce cas, les deux Capitaines de
chaque escadron marcheront sur le flanc de la
colonne & à deux pas de distance, le premier
à la gauche & à hauteur du centre du premier
peloton, & le second à la droite & à hauteur
du centre du second peloton ; ils pourront
néanmoins parcourir le flanc de leur escadron :
Quand on formera les sections, ils se placeront, le premier sur le flanc gauche de la seconde section, & le second sur le flanc droit
de la troisiéme, à hauteur & à deux pas du
premier rang ; lorsqu'ensuite on formera les
pelotons, sans changer de place, ils se trouveront, l'un à la gauche du premier peloton,
& l'autre à la droite du second.

Lorsqu'enfin on formera les escadrons, le
premier Capitaine se placera à la tête, le premier Lieutenant reprendra sa place de bataille
à la droite du premier rang, & le second

D

Capitaine se placera en serre-file derriere le centre de l'escadron.

Le Mestre-de-camp-commandant n'aura aucune place fixe dans la colonne ; il marchera sur le flanc ou à la tête, ainsi qu'il le jugera à propos, ayant le Major à portée de lui ; mais lorsque son régiment fera partie d'une brigade, il marchera alors à la tête de tout le régiment.

Le Mestre-de-camp en second marchera à la tête de la compagnie Mestre de-camp.

Le Lieutenant-colonel, pour veiller à l'observation de tout ce qui est prescrit dans la marche en colonne, se placera sur le flanc gauche du dernier escadron, à quatre pas de distance : Il pourra se porter néanmoins où sa présence seroit nécessaire.

L'Adjudant marchera à hauteur du centre sur le flanc droit de la colonne, à deux pas de distance.

Bien entendu qu'en marchant dans l'ordre inverse, les places désignées ci-dessus le seront aussi ; que le Lieutenant-colonel marchera à la tête de la colonne, & que le Mestre-de-camp en second marchera à la droite de l'escadron de la queue, à quatre pas de distance, que le deuxiéme Lieutenant de chaque escadron marchera à la tête de sa subdivision, & le premier Lieutenant à sa place de bataille, ou en serre-file si on marche par deux ou quatre.

Les deux Trompettes de l'efcadron des Chevaux-légers marcheront à la tête de leur efcadron.

Les huit autres Trompettes marcheront à la tête de la compagnie Meftre-de-camp, à fix pas en avant du Meftre-de-camp en fecond, toutes les fois qu'on marchera par deux, par quatre ou par fection; mais lorfqu'on marchera par peloton ou efcadron, ils iront fe placer à la droite à hauteur du premier peloton ou efcadron Meftre-de-camp, ou fi on marche en colonne renverfée, à la gauche & à hauteur du dernier peloton ou efcadron Meftre-de-camp; ce qui fera obfervé de même par ceux des Chevaux-legers, par rapport à leur efcadron.

Si un régiment rentroit à fon quartier en colonne renverfée, les Trompettes de chaque efcadron marcheroient à leur tête.

On obfervera, en marchant en colonne, la droite en tête, que la file gauche de chaque fubdivifion foit toujours dirigée fur celles des fubdivifions qui auront la tête de la colonne; ces mêmes files qui n'auront d'autre attention que de marcher exactement à leur direction & de conferver leur diftance, ferviront chacune de guide à leur rang pour être aligné. Les Cavaliers auront la tête tournée de fon côté, & auront attention de n'y point porter machinalement la main; ils la tiendront affurée devant eux, contenant leurs chevaux bien droits dans les jambes, fans ouvrir leur rang ni fe ferrer fur leur guide.

Quand une colonne aura la gauche en tête, ee fera la file droite de chaque fubdivifion qui fervira de guide, & qui réglera la direction & l'alignement, les Cavaliers auront alors la tête tournée à droite ; & dans l'un & l'autre cas, toutes les fois que les fubdivifions feront des quarts de converfion fucceffifs pour fuivre la tête de la colonne dans fes changemens de direction, les Cavaliers regarderont pour ce moment l'aile marchante, & reporteront enfuite la tête du côté de leur guide s'il eft pivot, ou la laifferont fur lui s'il eft à l'aile marchante.

Il eft fous-entendu que les Lieutenans des ailes de chaque efcadron ne font point nombre dans les files, & qu'ils doivent marcher hors de la direction des Brigadiers ou Guides.

Dans une colonne compofée de Cavalerie & d'Infanterie, les Guides des fubdivifions de la Cavalerie feront dirigés fur la feconde file du côté des pivots de celles d'Infanterie.

Et en ligne, les Chefs d'efcadrons s'aligneront fur le troifiéme rang de l'Infanterie. Les Officiers fupérieurs s'aligneront fur ceux de l'Infanterie, lorfqu'on fera de pied ferme; mais lorfqu'on marchera, ils s'aligneront fur les drapeaux.

Lorfque, pour une revue d'honneur, on paffera en colonne devant la perfonne à qui on devra les rendre, les Cavaliers, dans ce cas feulement, auront la tête placée de fon côté.

On marchera en colonne par efcadron de trois manieres, fuivant les circonftances ou les manœuvres que l'on voudra exécuter; favoir, à diftance ordinaire, à demi-diftance & en maffe.

On marchera en colonne par peloton de deux manieres, à diftance ordinaire & à demi-diftance; mais lorfqu'on marchera par fections, on obfervera toujours la diftance entiere.

La diftance ordinaire fera connue de deux manieres, relativement à l'ordre de bataille qu'on voudra prendre, foit *ouvert* ou en *muraille*; favoir dans le premier cas à *diftance d'intervalle*, les efcadrons ou premier pelotons de chacun obfervant dans la colonne, outre la diftance de leur front, celle qu'on aura indiquée pour les intervalles; & dans le fecond, à *diftance de front*, les efcadrons ou premiers pelorons de chacun n'obfervant que la diftance de leur front, du premier rang de l'un au dernier du précédent, pour n'avoir en bataille que fix pas d'intervalle au plus.

Dans ces deux cas, le fecond peloton de chaque efcadron obfervera la diftance de fon front, de fon premier rang au premier rang du premier peloton.

Quand on marchera à *demi-diftance*, les efcadrons n'obferveront entr'eux qu'une *dif-*

tance de peloton, & les pelotons qu'une *diftance de section*, à compter du premier rang
de l'un au premier rang de l'autre.

Lorsqu'enfin les escadrons devront marcher
en *masse*, ils n'observeront que six pas de distance du premier rang de l'un au dernier du
précédent.

Toutes les fois qu'on marchera en colonne
par sections, elles observeront toujours entre
elles la *distance ordinaire*, que se distinguera,
ainsi qu'il vient d'être dit, de deux manieres,
à *distance d'intervalle* & à *distance de front* ;
dans le premier cas, la section de la tête de
chaque escadron observera outre sa distance,
celle qu'on aura indiquée pour l'intervalle des
escadrons, & dans le second elle n'observera
que la distance de son front, de son premier
rang au dernier de celle qui la précédera ; toutes les autres sections marcheront dans ces deux
cas, à la distance de leur front, du premier rang
de l'une au premier rang de l'autre.

Quand les escadrons en colonne se serreront en *masse*, le Capitaine-commandant d'un
escadron, & celui de serre-file du précédent
marcheront l'un à côté de l'autre.

Lorsqu'une Troupe se portera au galop sur
le terrein où elle devra se mettre en bataille,
le Commandant aura l'attention de la ralentir
au trot à six pas de la nouvelle ligne, & de
commander *halte* à trois pas ou à hauteur du
second rang, & ensuite *alignement*, pour se

porter au pas avec plus de précision sur la ligne.

On observera la même regle dans la marche en bataille au galop, à moins que les circonstances n'exigent d'arrêter sur le champ.

Dans la marche en colonne, le Mestre-de-cam en second, le Lieutenant-colonel & ensuite le Chef de chaque escadron, si on marche par escadron ; les deux Capitaines, si on marche par peloton ; & enfin les deux Capitaines & les deux Lieutenans, si on marche par section, répéteront en même temps tous les commandemens *marche*, *halte* ; les deux Officiers supérieurs répéteront seuls tous les commandemens d'avertissement du Commandant en chef.

Pour accélérer l'exécution des mouvemens, les Officiers dénommés ci-dessus, répéteront aussi-tôt le commandement d'exécution, soit qu'il leur parvienne par le Commandant en chef, ou par tout autre ; & dans le cas où le commandement ne leur seroit pas parvenu, ils se conformeroient néanmoins au mouvement qu'ils verroient faire à leur droite, à leur gauche ou en avant d'eux.

Comme il est de la plus grande conséquence qu'une colonne se mette en mouvement, s'arrête en même temps & que les distances soient observées avec la plus grande précision, les commandemens *marche*, *halte*, seront répétés & exécutés le plus promptement possible.

Quand on fera le commandement *halte* à une colonne, les têtes resteront tournées du même côté où elles étoient pendant la marche, à moins d'un commandement contraire.

Les Commandans doivent avoir la plus grande attention à l'exacte observation des distances & précisions dans la direction des pivots; ce qu'ils vérifieront souvent.

## Article 5.
### De la marche en bataille.

Toutes les fois qu'une section ou un peloton marchera seul en avant, les Cavaliers s'aligneront à droite, sur la file droite, qui servira de guide à toute la Troupe; cette file observant de marcher bien droit devant elle, sur son point de direction : L'homme de la droite du second rang servira pareillement de guide à ce rang, & observera de marcher exactement à son Chef-de-file & à sa distance; mais lorsqu'on marchera par le front d'un escadron; il s'alignera sur son centre en bataille, au commandement *marche*, & sur l'une ou l'autre aile en colonne.

Lorsque tous les escadrons d'un régiment, d'une brigade ou d'une ligne marcheront ensemble de front en bataille, ils s'aligneront chacun sur leur centre, ainsi qu'il vient d'être dit; les deux Brigadiers du centre regardant & marchant directement devant eux, se maintiendront à la distance de deux pas du Chef d'escadron.

L'efcadron placé à la droite de la ligne, fera ordinairement celui d'alignement, à moins que le Commandant en chef n'eût ordonné de s'aligner à gauche ; auquel cas l'efcadron de la gauche ferviroit d'alignement à tous les autres.

Les Chefs d'efcadron s'aligneront tous fur le côté de l'efcadron d'alignement, en préférant cependant d'obferver l'enfemble de la ligne au Chef de l'efcadron le plus voifin.

Le Commandant en chef, avant de mettre la ligne en mouvement, indiquera au Chef de l'efcadron d'alignement le point de direction fur lequel il devra marcher.

Cet efcadron d'alignement fervira de bafe générale de direction & d'alignement.

Le Commandant de cet efcadron aura l'attention, au commandement *marche*, de ne pas preffer les premiers pas jufqu'à ce que toute la ligne foit en mouvement ; alors il obfervera de marcher d'une allure bien égale, & fur-tout de diriger fa marche très-exactement fur l'objet indiqué.

Les Commandans de chacun des autres efcadrons, qui, relativement les uns aux autres, doivent s'aligner fur ce premier, obferveront de marcher d'une allure franche, foutenue & non tâtonnée, l'incertitude étant pour l'ordinaire la caufe du défaut d'enfemble.

Dans les allures du trot & du galop, fi

un ou quelques efcadrons dépaffoient l'alignement général, ou fe trouvoient en arriere, le Commandant le ralentiroit ou regagneroit l'enfemble, mais avec beaucoup de modération & très-infenfiblement; cette défectuofité momentanée n'influant en rien fur le bon ordre de la ligne.

L'objet le plus effentiel dans la marche en bataille eft la direction; le défaut d'accord fur ce point entre les efcadrons pouvant occafionner le plus mauvais effet dans une ligne, on portera la plus férieufe attention à ce qu'ils obfervent leur intervalle, en fe conformant à ce qui fuit.

Le Commandant de chaque efcadron obfervera de marcher exactement fur fa direction particuliere, & pour l'y maintenir d'autant plus exactement, le Capitaine en fecond qui doit marcher fur la même file, fera chargé de l'avertir s'il s'en dérange; ce qu'il appercevra facilement en découvrant le point de direction qui doit lui être caché par le Capitaine-commandant; & il lui fera les avertiffemens *à droite, à gauche* & *en avant*, lorfqu'il l'aura remis dans la direction.

Les Sous-lieutenans & Maréchaux-des-logis tiendront la main à ce que les Cavaliers de leur fection marchent dans le plus grand ordre & le plus grand filence.

Le Capitaine en fecond aura la même attention par rapport à la totalité de l'efcadron,

& veillera à ce que l'intervalle soit exact du côté de l'alignement ; il fera l'avertissement *main à droite* ou *main à gauche*, selon qu'il s'ouvrira ou se resserrera : si c'est *main à droite*, les Cavaliers porteront la main à droite, pour marcher un peu obliquement, s'alignant tous sur la file droite ; le contraire s'exécutera, si c'est *main à gauche*. Dès que le Capitaine jugera l'intervalle exact, il dira *en avant* ; alors les Cavaliers tiendront leurs chevaux droit devant eux, & s'aligneront sur le centre de l'escadron.

S'il arrivoit, en marchant en muraille, sur un grand front, que quelques escadrons se serrassent au point de déranger les files, on feroit rester en arriere une section, qui reprendroit ensuite sa place par file, à mesure qu'on lui feroit jour.

Toutes les fois qu'un escadron ou portion d'escadron trouvera dans sa marche un obstacle, il ralentira & se portera par tête à botte, à droite ou à gauche, ou moitié à droite & moitié à gauche, au commandement du Chef d'escadron, pour suivre de près, en se remettant de front, la partie qui aura continué sa marche ; le terrein permettant à la Troupe de rentrer en ligne, elle y rentrera par tête à botte au commandement *en ligne*, fait par son Chef.

Si l'obstacle couvroit le front de plusieurs escadrons, le Commandant du régiment fe-

roit rompre à droite ou à gauche, ou bien
à droite & à gauche par sections ou pelotons,
pour se porter & marcher ainsi en colonne
derriere l'aile intérieure des escadrons voisins
qui auront continué leur marche, & se refor-
meront ensuite en ligne ensemble ou successivement, suivant que le terrein le permettra;
ce qui s'exécutera par la voie la plus courte,
chaque section ou peloton se portant diagonalement en avant.

Les Officiers supérieurs devant veiller sur
la totalité de leur régiment, porteront toute
leur attention à l'exacte observation des regles qui viennent d'être prescrites, & le
Major sera particuliérement chargé d'exami-
ner si les serre-files s'occupent de leur Troupe,
& de faire rectifier ce qu'il pourroit apperce-
voir d'irrégulier.

Lorsque la ligne devra arrêter, on commandera *garde à vous* ; 1, *régiment* ; 2 ,
*halte.* Ces deux commandemens seront répétés
par le Mestre-de-camp en second & le Lieutenant-colonel, qui ne répéteront le second
commandement que lorsque leur régiment
sera arrivé près de l'alignement ; alors les
Chefs d'escadron commanderont aussi-tôt
*alignement,* si l'on doit s'aligner à droite ; &
*à gauche, alignement ,* si l'on doit s'aligner
à gauche ; auquel les Cavaliers de chaque
escadron porteront la tête à droite ou à
gauche.

Les Chefs d'escadron, après le commandement fait, n'auront d'autre attention que de
s'aligner entr'eux.

Lorsque le Commandant en chef voudra
rectifier l'alignement ou le rendre plus conforme à ses vues, il déterminera le point de
la droite & celui de la gauche de la ligne, &
fixera en conséquence la place des deux ou trois
Capitaines-commandans de l'aile droite, ou
de l'aile gauche, sur lesquels on devra s'aligner.

L'alignement ainsi préparé, tous les autres
Chefs d'escadron se porteront seuls sur la nouvelle ligne, au commandement de *Chef d'es-
cadron=alignement,* que fera le Commandant de la ligne.

Tous ces Chefs étant alignés & à hauteur du centre de leur escadron, il fera l'a-
vertissement, *escadrons==alignement ;* ce
qui sera répété par tous les Chefs d'escadron,
& aussi-tôt chaque escadron rejoindra son
Chef, qui commandera *halte=alignement,*
dès qu'il arrivera sur la nouvelle ligne.

Dans le cas où quelques escadrons se trou-
veroient dépasser de plusieurs pas l'alignement
à prendre, leur Chef les fera reculer à la distance nécessaire, pour pouvoir se placer de sa
personne sur la nouvelle ligne ; mais si elle se
trouvoit un peu trop en arriere de l'une ou
l'autre aile, les escadrons qui en seroient les
plus éloignés feroient une demi-conversion par
pelotons ou sections, & se porteroient en ar-

riere à la distance nécessaire où ils se remettroient face en tête par le même mouvement.

## ARTICLE 6.
### *De la marche de conversion.*

DANS les quarts de conversion qui se feront par plusieurs Troupes ensemble, soit en
bataille, soit en colonne, les Cavaliers regarderont du côté de l'aile qui devra marcher;
ils s'ébranleront tous en même temps au mot
*marche*, & proportionneront sur cette aile
leur mouvement de progression, pour conferver leur ensemble.

Si la conversion se fait à droite, ils porteront imperceptiblement la main à droite, &
de maniere que chaque Cavalier dirige les épaules de son cheval sur la ligne circulaire qu'il
aura à parcourir, sans serrer ni s'éloigner de
son voisin de la droite; ils fermeront la jambe
droite, & soutiendront les hanches de la jambe
gauche selon le besoin.

Dans les demi-conversions, qui se font
un peu légérement, il arrive pour l'ordinaire
que l'aile marchante s'ouvre & se sépare de
la partie qui soutient; c'est pourquoi il faut
que les Cavaliers de l'aile qui tourne, aient
attention de se resserrer (environ au tiers du
mouvement) sur le côté qui soutient, mais
avec beaucoup de modération & en gagnant
toujours du terrein circulairement, pour éviter
le désordre qu'occasionnent les mouvemens
trop vifs & trop à coup.

Le *pivot* fera fon mouvement le plus exactement poffible ; & fi la Troupe devoit continuer de marcher après un quart, ou une demi-
converfion, il auroit attention, pour n'être
pas en retard, de fe porter en avant au moment où le mouvement feroit prêt d'être
achevé.

Les Cavaliers du fecond rang ayant plus
d'efpace à parcourir que ceux du premier, à
mefure qu'ils fe trouveront plus près du pivot,
exécuteront leur mouvement plus promptement. Ils commenceront par déterminer l'é-
paule de leurs chevaux à gauche, en y portant
la main & en fermant la jambe gauche pour
gagner du terrein en avant ; dès que ce rang
fera prêt à finir fon mouvement, les Cavaliers
relâcheront infenfiblement cette jambe gauche,
porteront la main à droite en fermant la jambe
droite, pour fe diriger fur leur Chef-de-file.

Les Cavaliers, du côté de l'aile qui tournera, obferveront de mettre de la promptitude
dans leur mouvement, afin que ceux du côté
du pivot puiffent d'autant mieux gagner du
terrein ; pour cet effet, dès que le Cavalier
du fecond rang, qui fe trouvera à l'aile, fe
fera déboîté du pivot de la Troupe voifine,
il dépaffera fon Chef-de-file, en fe portant en
dehors jufqu'au moment où le mouvement fera
prêt d'être achevé, qu'il fe refferrera alors fur
lui pour marcher fur fa direction & pour l'emboîtement en bataille.

Pour tous les quarts de converſion qui de-vront ſe faire ſucceſſivement par chaque ſubdi-viſion en colonne , on aura attention que le pivot décrive toujours un quart de cercle d'en-viron cinq pas; en conſéquence , dès que le Chef de la ſubdiviſion qui devra tourner, aura la tête de ſon cheval à hauteur du pivot de celle qui aura tourné , il commandera , *tour-nez à droite* ou *à gauche* ; à ce commande-ment ſi l'on marche avec la droite en tête , & que l'on tourne à gauche , les Cavaliers porteront la tête à droite vers l'aile marchante , & la replaceront à gauche dès que la conver-ſion ſera finie , pour ſe porter enſuite en avant au commandement *en avant.*

Si l'on marche la gauche en tête , & que l'on tourne à droite , ils exécuteront le con-traire.

Le pivot gagnant toujours un peu de ter-rein circulairement en avant , ne ſera point dans le cas de ſe jeter du coté oppoſé à celui où l'on tourne , & ne retardera point celui de la Troupe qui le ſuivra , lequel obſervera la même regle ; ce même pivot aura toujours l'œil , pendant le mouvement , ſur celui de la ſubdiviſion qui le précédera pour ſe maintenir ſur ſa direction & marcher enſuite à ſa diſtance ; c'eſt à quoi les Officiers & bas Officiers auront la plus grande attention.

Les Cavaliers de l'aile qui tournera , dou-bleront toujours leur degré de vîteſſe pour cette eſpece de converſion;                    Ce

Ce principe peut s'étendre fur l'ordre de marche en colonne à demi-diftance, dans le cas où il feroit néceffaire d'en changer la direction fans rien déranger à l'ordre des diftances.

Pour cet effet, on fera parcourir au pivot de chaque efcadron un quart-de-cercle de douze pas; par ce moyen il fe trouvera pendant l'exécution de ce mouvement, deux efcadrons fur le même quart-de-cercle, fans que les pivots puiffent fe retarder.

Lorfqu'on marchera en colonne par deux, par trois, ou par quatre, chaque rang qui devra tourner exécutera toujours fon mouvement à pivot mouvant.

L'intention de Sa Majefté eft qu'on commence par expliquer le plus clairement toutes les manœuvres aux nouveaux Cavaliers, qu'on les leur fâffe d'abord exécuter à pied, & enfuite à cheval au pas, jufqu'à ce qu'ils les conçoivent bien, qu'enfuite on les leur faffe exécuter au trot & au galop, à mefure qu'ils feront plus inftruits.

La plus grande légéreté fe bornera dans toutes les manœuvres de la Cavalerie; favoir, une colonne qui devra changer de direction n'augmentera fon degré de vîteffe qu'au trot, & jamais au galop que dans des cas indifpenfables.

Toute Troupe fe déployant en bataille emploiera l'allure du trot ou celle du galop.

Dans la marche en bataille on n'alongera

E

le galop qu'au moment du simulacre de la charge, sans cependant s'abandonner.

Les Chefs des Corps s'occuperont particu- liérement à régler les trois allures prescrites pour la Cavalerie, & de maniere que le pas soit décidé, le trot naturel & le galop franc, sans être ni raccourci, ni alongé.

Ces différentes allures seront déterminées de maniere à parcourir au pas cinquante-cinq toises par minute, soit en colonne ou en ba- taille; à parcourir au trot le double de che- min dans le même espace de temps, à parcou- rit enfin au galop cent cinquante toises par minute, tant en colonne qu'en bataille. Il est à supposer que dans des terreins parfaitement aisés, les distances ci-dessus pourroient se par- courir dans un temps moindre que celui indi- qué, commme aussi on y en emploieroit un plus long sur des terreins difficiles; mais ce terme est mitoyen pour toute espéce de terreins praticables.

On fera des essais de ces allures sur diffé- rentes distances, pour juger de l'exactitude de la marche, & s'accoutumer, tant en route que dans les manœuvres, à déterminer le temps qu'il faut à une Troupe pour parcourir un certain espace.

# TITRE XII.
## *Des Signaux.*

QUAND les Troupes de la queue d'une colonne, pour quelque motif que ce soit, ne pourront pas suivre celles de la tête, elles feront sonner un *appel* qui sera répété d'escadron en escadron jusqu'à la tête.

Dès que la queue de la colonne pourra continuer la marche, elle fera sonner un couplet de la *marche*, qui sera répété jusqu'à la tête.

Il sera cependant détaché un Officier pour instruire le Commandant de la colonne du sujet de ce retard.

Lorsque la Cavalerie exécutera le simulacre de la charge, les Trompettes la sonneront, ainsi qu'il est prescrit à l'article de la *charge*.

Toutes les fois qu'on voudra faire disperser quelques escadrons en fourrageurs, on fera sonner le *boute-charge* ; lorsqu'ensuite on sonnera le *raliement*, ils reviendront aussitôt se reformer aux étendards.

# TITRE XIII.

## *Exercices de détail.*

### ARTICLE PREMIER.

#### *Monter à cheval.*

UNE compagnie étant affemblée à rangs ouverts, les Cavaliers tenant leurs chevaux par la bride & leur tournant le dos, ainfi qu'il eft prefcrit à l'inftruction d'équitation ci-jointe, on commandera :

1. *Préparez-vous pour monter à cheval.*
2. *A cheval.*
3. *Reprenez vos rangs.*

Au premier commandement, tous les Cavaliers feront *demi-tour à gauche*, relevant la poignée du fabre de la main gauche, les nombres pairs de chaque rang reculeront leurs chevaux d'une longueur de cheval, ils pafferont les rênes fur le cou, abattront l'étrier gauche, prendront de la main gauche une poignée de crins, jettant enfuite le bout des rênes en avant, & mettront le pied gauche à l'étrier.

Au fecond commandement, ils monteront tous à cheval, ainfi qu'il eft expliqué dans l'inftruction d'équitation.

Au troifiéme commandement, les Cavaliers qui auront reculé rentreront dans leur rang, le fecond rang ferrant fur le premier.

### ARTICLE 2.

*Rompre par deux ou par quatre.*

*Garde à vous.*

1. *Par deux* ou *par quatre.*

2. *Marche.*

Si c'est par deux, les deux Cavaliers de l'aîle droite du premier rang de la premiere section marcheront en avant ou vers le côté indiqué ; les autres Cavaliers du premier rang de cette section se rompront successivement par deux, pour suivre les deux premiers. Le second rang de la même section se rompra dans le même ordre, partant du terrein qu'il occupera, ce qui sera répété par toutes les sections de l'escadron.

Si on a commandé de marcher par quatre, la même manœuvre se fera de quatre en quatre.

Dans l'un & l'autre cas, s'il restoit des Cavaliers impairs du premier rang des sections, ils seroient complétés par les Cavaliers de la droite du second rang de la même section.

Quand le front des sections sera composé de six, de neuf ou de quinze hommes, on pourra marcher par trois au lieu de quatre.

## ARTICLE 3.

*Doubler le front & former les sections,*
*pelotons & l'escadron en avant.*

Si on marche par deux, on commandera :

*Garde à vous.*

1. *Marchez, quatre.*

2. *Marche.*

Les deux Cavaliers des deuxiéme, quatriéme, sixiéme rangs, &c. doubleront à la gauche des deux qui les précéderont ; & dès que le doublement sera fait, le premier rang de la colonne ayant fait *halte*, tous les autres serreront sur lui jusqu'à ce qu'ils soient arrivés près les uns des autres.

*Garde à vous.*

1. *Formez vos rangs.*

2. *Marche.*

Les Cavaliers qui auront la tête de la colonne, marcheront encore quatre pas, & feront *halte:* Tous ceux qui devront compoſer le premier rang de cette ſection, ſe porteront obliquement à gauche, pour ſe former ſucceſſivement à la gauche les uns des autres. Le ſecond rang ſe formera dans le même ordre, en ſe ſerrant ſur le premier.

Dès que cette premiere ſection ſera formée, & que la tête de la ſection ſuivante ſera arrivée à ſa diſtance, elle ſe formera dans le même ordre; & ainſi ſucceſſivement de toutes les autres ſections de la colonne, à meſure qu'elles arriveront à leurs diſtances.

*Garde à vous.*

1. *Formez les pelotons.*

2. *Marche.*

La premiere ſection de chaque peloton continuera de marcher; & la ſeconde, par un mouvement diagonal ſe formera à ſa gauche, en doublant ſon dégré de vîteſſe.

*Garde à vous.*

1. *Formez l'eſcadron.*

2. *Marche.*

Les deux pelotons de l'eſcadron exécuteront ce qui vient d'être preſcrit pour les deux ſections de chaque peloton.

Quand on marchera à demi-diſtance, le ſecond peloton de chaque eſcadron exécutera ce mouvement par *tête à botte.*

Si marchant par ſections on veut former tout de

suite l'escadron, les trois dernieres sections se porteront diagonalement à gauche, à côté de la premiere.

L'escadron formé en bataille sera exercé à
marcher directement & obliquement par le
commandement *main à droite*, *main à gauche*, auquel les Cavaliers se porteront insen-
siblement vers le côté indiqué, sans déranger
le front de bataille.

Ils marcheront ensuite directement au commandement en *avant*.

## ARTICLE 4.
### Des Conversions.

*Garde à vous.*

1. { *Escadron*, *Peloton*, ou *Section*, } { *Demie à droite, à droite* ou *demi-tour à droite.* } ou { à gauche. }

2. *Marche.*

SI c'est à droite, la droite de l'escadron ou de
chaque subdivision soutiendra, & la gauche marchera
jusqu'à ce qu'elle ait fait un demi-quart, un quart ou
une demi-conversion, pour arrêter au mot *halte*.

On se remettra en bataille par le mouvement contraire, ou en exécutant une seconde fois le même
mouvement, si l'on a fait une demi-conversion.

### De la Conversion centrale.

Elle ne s'exécutera que lorsqu'on y sera
forcé par la nature du terrein, & jamais par
un plus grand front que celui de peloton.

Garde à vous.

I.
Pelotons ,    } Sur le    { A droite ,
              }            { ou demi-tour
Sections ,    } centre.    { à droite
              }            { ou à gauche.

### 2. Marche.

Les deux Cavaliers du centre du premier rang de chaque subdivifion ferviront de pivot : fi le mouvement fe fait à droite , le demi-rang de droite fera fa portion de converfion en reculant très-doucement ; & le demi-rang de gauche , fe réglant fur lui, fera la fienne en avançant. Ce fera le contraire , lorfque la converfion fe fera à gauche.

### ARTICLE 5.

*Du Demi-tour à droite par Cavalier.*

Garde à vous.

### 1. Par Cavalier, demi-tour à droite.

### 2. Marche.

Au premier commandement, les impairs du premier rang fe porteront en avant , ceux du fecond reculeront ; les uns & les autres d'une longueur de cheval,

Le Lieutenant de la droite de l'efcadron ne bougera , ce fera le contraire pour le fecond Lieutenant ; les files étant ainfi doublées , on fera le deuxième commandement *marche* , auquel tous les Cavaliers feront demi-tour à droite fans précipiter leur mouvement , & fans s'attendre ni fe régler les uns fur les autres, ils rentreront dans leur rang , le dernier fe ferrant fur le premier.

Pour revenir fur fes pas on exécutera le même mouvement , obfervant que les files , qui précédemment auront reculé , fe portent en avant, & que celles qui feront portées en avant, reculent.

Quand on voudra faire exécuter le demi-tour à droite par Cavalier à une Troupe en mouvement.

Au premier commandement , les files impaires du premier rang alongeront le pas en déboîtant ; les files paires du même rang , ainfi que les impaires du deuxiéme , continueront d'aller le même pas , tandis que les files paires de ce fecond rang ralentiront. Dès que les files feront ainfi doublées , on commandera *marche.* A ce commandement , tous les Cavaliers, après avoir fait un demi-arrêt , feront demi-tour à droite , chacun rentrera dans fon rang , le dernier fe ferrant auffi-tôt fur le premier , qui continuera le même pas.

Il a été établi que les Cavaliers de chaque fection fe comporteroient par quatre , avant les manœuvres ; & tel événement qui puiffe arriver enfuite , on ne les fera jamais fe re-compter, les nombres impairs & pairs devant toujours exécuter ce qui leur eft prefcrit, quand bien même il s'en trouveroit du même nombre à côté l'un de l'autre.

## ARTICLE 6.
*Mouvement par tête à botte.*
*Garde à vous.*

1. *Tête à botte ,* { *à droite* ou *à gauche.* }

2. *Marche.*

Si c'eft à droite , au premier commandement,

chaque Cavalier fera un demi à droite. Au deuxiéme commandement , toute la Troupe marchera
plus ou moins obliquement vers la droite , chaque
Cavalier portant la tête de son cheval à la botte
de son voisin pour marcher ainsi liés les uns aux
autres.

Arrivé sur le terrein , la Troupe fera *front* ▬
*halte* ou *front* ▬ *marche* , au commandement qui
en sera fait , & chaque rang se resserrera sur le
Cavalier qui aura ouvert la marche.

## ARTICLE 7.
### *Mouvement par files.*

### Garde à vous.

1. *Par file , à droite* ou *à gauche.*

2. *Marche.*

Au premier commandement , les Cavaliers porteront la tête & la main du côté où l'on devra se
déployer ; si c'est à droite , le premier Cavalier de
la droite de chaque rang fera à droite.

Au deuxiéme commandement , ces deux Cavaliers
se mettront en mouvement , & se porteront sur le
point indiqué , marchant à même hauteur & distance ;
ils seront suivis successivement ; mais promptement
& exactement , par tous les autres Cavaliers de
chaque rang.

Les Capitaines marcheront de l'une ou
l'autre maniere prescrite à la manœuvre des
déploiemens.

La tête de cette colonne arrivée sur son
terrein , fera front au commandement , &
successivement tous les Cavaliers de chaque
rang , à mesure qu'ils arriveront à la botte
de celui qui précédera.

Les déploiemens par la gauche s'exécuteront par les mêmes moyens en sens contraire.

## ARTICLE 8.

### *Pour faire reculer.*

*Garde à vous.*

1. *En arriere.*

2. *Marche.*

Les deux rangs reculeront ensemble, le second ouvrant la marche & doucement, jusqu'au commandement *halte*.

On ne se servira de ce mouvement que pour parcourir peu de pas.

## ARTICLE 9.

### *Ouvrir & serrer les rangs.*

*Garde à vous.*

1. *En arriere, ouvrez vos rangs.*

2. *Marche.*

Le premier rang ne bougera, le second reculera de la longueur de quatre pas, conservant la direction des Chefs-de-file.

*Garde à vous.*

1. *Serrez vos rangs.*

2. *Marche.*

Le second rang serrera sur le premier à la distance prescrite.

On pourra faire ouvrir les rangs en avant, & les serrer en arriere ou en avant, quand la nature du terrein l'exigera. Dans l'un & l'autre cas, les Officiers & bas Officiers, tant en rang qu'en serre-file, suivront le mouvement des rangs respectifs.

A R T I C L E   10.

*Rompre & dédoubler en avant.*

*Garde à vous.*

1. *En avant par peloton, rompez l'escadron.*

2. *Marche.*

Le premier peloton continuera de marcher en avant, le second se portera par un demi à droite derriere le premier.

*Garde à vous.*

1. *En avant par section, rompez les pelotons.*

2. *Marche.*

Les sections paires exécuteront ce qui vient d'être dit pour le second peloton.

Quand on voudra rompre l'escadron tout de suite par sections, les trois dernieres sections exécuteront ce qui est prescrit pour le second peloton.

Si on marche par la gauche, on exécutera les mouvemens contraires.

*Garde à vous.*

1. *Par quatre.*

2. *Marche.*

Les quatre Cavaliers de la droite du premier rang de la premiere section marcheront en avant, les autres Cavaliers du premier rang se rompront successivement en avant par quatre, pour se porter obliquement fur la direction des premiers , & prendre rang dans la colonne à mefure qu'ils y arriveront ; le fecond rang de la même fection fe rompra fur le terrein qu'il occupera dans le même ordre que le premier , & toutes les fections fuivantes exécuteront la même manœuvre , à mefure qu'elles arriveront fur le terrein où la premiere fe fera rompue.

*Garde à vous.*

1. *Par deux.*

2. *Marche.*

Les deux Cavaliers de la droite du premier rang fe porteront en avant , & feront fuivis des deux de la gauche ; le fecond rang , & fucceffivement tous ceux qui compoferont la colonne, fe rompront dans le même ordre, partant du terrein qu'ils occuperont.

S'il étoit néceffaire de défiler , on dédoubleroit par le même principe.

## ARTICLE II.
### *Former l'efcadron en bataille.*

L'ESCADRON marchant en colonne par deux ou par quatre pour fe rendre à fon quartier, le former à fon arrivée tout de fuite en bataille ; on commandera à la tête de la colonne :

*Garde à vous,*

1. *En avant ,*
   ou
   *à gauche ,*  } *En bataille.*
   ou
   *fur la droite.*
2. *Marche.*

Si c'est en avant, les Cavaliers qui auront la tête de la colonne, après s'être portés quatre pas en avant, feront *halte*. Les Cavaliers qui devront composer le premier rang de la premiere section se porteront diagonalement à gauche pour se former successivement à la gauche des premiers, le second rang se formera ensuite, & toutes les sections de l'escadron se formeront successivement dans le même ordre à la gauche les uns des autres.

Si on doit se former à gauche, les Cavaliers de la tête de la colonne qui devront composer le premier rang de la premiere section, feront *à gauche*, serreront aussi-tôt leur file sur la droite en se portant cinq ou six pas en avant, & feront *halte*. Les Cavaliers qui devront composer le second rang, continueront de marcher en avant, pour se former par le même mouvement sur la direction de leur Chef-de-file, & toutes les sections de l'escadron se formeront successivement à la gauche les unes des autres.

Si au contraire il a été ordonné de se former sur la droite, les Cavaliers qui auront la tête de la colonne feront *à droite*, se porteront douze pas en avant & feront *halte*. Ceux qui les suivront, continueront de marcher & iront se former successivement par un à droite à la gauche des premiers; le second rang se formera ensuite, & toutes les sections de l'escadron se formeront successivement dans le même ordre à la gauche les unes des autres.

## ARTICLE 12.

### *Mettre pied à terre.*

*Garde à vous.*

1. *Préparez-vous pour mettre pied à terre.*

2. *Pied à terre.*

3. *Reprenez vos rangs.*

Au premier commandement, les Cavaliers dou-

bleront leurs files en avant & en arriere , ils prendront une poignée de crins , & dégageront le pied
de l'étrier.

Au deuxiéme commandement , tous les Cavaliers
mettront pied à terre , ils rabattront enfuite les rênes,
les foutenant de la main gauche , releveront leurs étriers
fur le cou , faifant face à leurs chevaux , qu'ils con-
tiendront de la main droite par les rênes , à fix pouces
au-deffous des branches du mors.

Au troifiéme commandement , ils quitteront les
rênes de la main droite , feront tous demi-tour à
droite , tournant le dos à leurs chevaux. Les Cavaliers du premier rang qui n'auront pas bougé &
qui fe trouveront former un fecond rang , s'avanceront pour entrer dans les intervalles du premier ;
& ceux du quatriéme rang entreront dans les intervalles du fecond , obfervant de joindre les talons.

Si la Troupe met pied à terre pour rentrer
les chevaux aux écuries , au lieu du troifiéme
commandement , on commandera *face en tête* ;
à ce commandement , les Cavaliers feront
demi-tour à droite , & refteront à leur place ;
on commandera enfuite *demi-tour à droite* ;
alors les quatre rangs feront demi-tour à droite
par cheval , & les Cavaliers du dernier rang ,
devenu le premier , rentreront aux écuries ;
le fecond , le troifiéme & fucceffivement le
quatriéme rang les fuivront.

Si , au lieu de faire les difpofitions ci-deffus , le Commandant juge à propos de faire
rentrer tout de fuite les chevaux aux écuries ,
à mefure qu'ils arriveront dans le quartier , il
donnera fes ordres en conféquence.

# TITRE XIV.

## Des Manœuvres.

### ARTICLE PREMIER.

## Des Points de direction.

LE Commandant en chef d'une ligne, choisira autour du terrein que l'œil peut embraſſer, deux points, l'un à ſa droite, l'autre à ſa gauche, pour donner à la ligne ou à la colonne, la direction la plus conforme à ſes vues, & s'aſſurer que la nouvelle poſition ne ſoit jamais déterminée par le haſard.

Ces objets doivent être aſſez ſaillans pour être apperçus diſtinctement, comme un arbre, un clocher : &c. ou à ce défaut deux Trompettes qu'on enverra ſur le point de droite & de gauche de la ligne qu'on voudra occuper.

Ces points étant déterminés, deux Officiers ou autres iront ſe placer ſur le nouvel alignement pour former des points intermédiaires ; l'un d'eux ſe placera au point où devra arriver la tête de la colonne du côté des pivots, & l'autre ſur le prolongement du front de bataille.

### ARTICLE 2.

## Des différentes manieres de former un régiment ou une ligne en bataille.

*Colonne,*

*Colonne, la droite en tête, arrivant par derriere la nouvelle ligne qu'elle doit occuper en bataille.*

Si la colonne marchoit par deux, par trois ou par quatre, le Commandant feroit former les sections & les pelotons; c'est par ce front que les colonnes entreront plus ordinairement dans les nouvelles lignes, & on ne fera former les escadrons, que lorsqu'on devra marcher à demi-distance ou en masse, pour se déployer en avant.

Lorsque le peloton de la tête de la colonne arrivera à la distance de son front de la nouvelle ligne, & dans la direction de l'Officier formant point intermédiaire, il fera un quart de conversion à droite au commandement de son Chef : ce peloton marchera ensuite droit devant lui, le guide de l'aile gauche se dirigeant sur le point de direction en avant & le point intermédiaire, près duquel il passera le laissant à sa gauche.

Tous les autres pelotons tourneront sur le terrein où aura tourné le premier, le guide de chacun se dirigeant exactement sur ses chefs-de-file & le point de direction en avant.

Le Colonel en second se tiendra à la tête du régiment, & regardera souvent si les guides des différens pelotons marchent sur la même direction.

Le Commandant en chef se tiendra à la

F

tête de la colonne , & examinera de temps en temps fi la queue de la colonne répond exactement au point de direction en arriere , d'après la direction de la tête.

La tête de la colonne arrivée au point où devra appuyer la droite de la ligne , le Commandant en chef commandera :

*Garde à vous.*

1. *Halte.*

2. *A gauche en bataille.*

3. *Marche.*

Au deuxiéme commandement , le Lieutenant placé devant le centre du peloton de la tête de chaque efcadron , fe portera fur l'alignement des pivots à la diftance au moins du front d'un peloton , pour déterminer exactement le point où l'aile marchante devra finir fon mouvement.

Au troifiéme commandement , tous les pelotons qui feront fur la nouvelle ligne , fe mettront en bataille par un quart de converfion à gauche , fe conformant d'ailleurs à ce qui eft prefcrit au *Titre XI,* art. 4 , & feront halte au commandement.

A l'inftant où la tête de la colonne arrivera au point déterminé , les pelotons qui ne feront pas encore entrés dans la nouvelle direction feront *halte ,* comme la tête de la colonne ; & au commandement *à gauche en bataille ,* fait aux pelotons de la tête , l'Officier fupérieur du régiment dont ces derniers pelotons feront partie , commandera auffi-tôt après :

1. *En avant en bataille.*

2. *Marche.*

Tous ces derniers pelotons feront un demi à gauche, plus ou moins, pour se porter diagonalement à hauteur du terrein qu'ils devront occuper en bataille & sur l'alignement du second rang où ils se formeront par un demi à droite, & se porteront ensuite sur l'alignement de la droite au commandement *alignement*, chaque escadron observant l'intervalle prescrit.

Si le peloton de la tête de ce reste de colonne faisoit partie de l'escadron avec le peloton entré le dernier en ligne, il se porteroit directement en avant pour le joindre à lui.

Quand le reste de la colonne sera composé de plusieurs régimens, l'Officier supérieur de chacun commandera aussi-tôt :

1. *Régiment, tête de colonne diagonale, à gauche.*

2. *Marche.*

Ce commandement sera répété jusqu'à la queue de la colonne par l'Officier supérieur de chaque régiment ; alors le peloton de la tête de chacun se déboîtera de la colonne générale pour en former une particuliere qui sera dirigée par la ligne la plus courte vers le point où devra être placé la droite du régiment.

Le Commandant, le Major ou l'Adjudant se portera promptement sur la nouvelle ligne pour servir de point de renseignement à la tête de son régiment.

Lorsque le premier régiment qui se sera ainsi déboîté de la colonne générale, arrivera vis-à-vis le point où devra appuyer sa droite, à hauteur des serre-files de l'escadron déja formé à sa droite, l'Officier supérieur commandera :

1. *En avant en bataille.*

2. *Marche.*

Le peloton de la tête du régiment fera un *demi à droite*, & se portera en avant sur la ligne de bataille, les autres pelotons feront à peu près un *demi à gauche*, pour aller se former successivement à la gauche les uns des autres.

Les autres régimens qui formeront chacun leur colonne particuliere, exécuteront la même manœuvre à mesure qu'ils arriveront vis-à-vis le point que devra occuper la droite.

## ARTICLE 3.

*Colonne, la droite en tête arrivant par-devant la nouvelle ligne qu'elle doit occuper en bataille, faisant face au côté opposé à sa marche.*

LE Commandant en chef, après avoir fait les préparatifs prescrits, dirigera la tête de la colonne à gauche, dès que le premier peloton arrivera à hauteur de l'Officier placé dans le point intermédiaire de la nouvelle ligne ; de maniere que le pivot marche autour de lui le laissant à sa gauche, pour delà se porter en avant sur la nouvelle direction.

Tous les pelotons suivront la tête de la colonne, & lorsqu'elle sera arrivée au point où devra appuyer la droite de la ligne, elle sera arrêtée & mise en bataille par un *à gauche*, comme il vient d'être expliqué à l'article précédent.

Les pelotons qui ne seront point encore

entrés dans la nouvelle ligne au moment où la colonne arrêtera, exécuteront par la droite ce qui vient d'être prescrit par la gauche à l'article précédent.

Le peloton de la tête ( s'il est droite d'escadron ) laissant entre lui & l'escadron déja formé à sa gauche, l'intervalle de son front, outre celui réglé entre les escadrons, & le second peloton de chaque escadron se formant à la droite du premier, tous sur l'alignement du second rang.

A mesure que chaque escadron se formera, il se mettra face en tête par un *demi-tour à gauche* par peloton, pour ensuite s'aligner au commandement ; mais il n'exécutera ce mouvement qu'après que le premier peloton de l'escadron suivant sera arrivé & se sera assuré de son intervalle.

Si le reste de la colonne étoit composé de plusieurs régimens, l'Officier supérieur de chacun se conformeroit en sens contraire à ce qui est prescrit à l'article précédent, pour ensuite faire face en arriere, ainsi qu'il vient d'être expliqué.

Les colonnes ayant la gauche en tête exécuteront dans les deux cas ci-dessus les mêmes mouvemens par les moyens contraires.

## ARTICLE 4.

*Colonne arrivant par là droite du terrein qu'elle doit occuper en bataille, pour faire face à droite.*

*Garde à vous.*

1. *Sur la droite, en bataille.*

2. *Marche.*

LE peloton de la tête de la colonne fera un quart de converfion à droite, marchera au moins douze pas en avant & fera *halte* fur l'alignement déterminé; le fecond peloton continuera la marche en avant, fera de même un quart de converfion à droite, dès que fon premier rang arrivera à hauteur de la file gauche du peloton déja en ligne, & il fe formera à fa gauche en fe portant fur le même alignement.

Les autres pelotons exécuteront fucceffivement la même manœuvre, ehaque premier peloton d'efcadron obfervant de n'exécuter fon mouvement qu'après avoir dépaffé l'efcadron déja formé, du nombre de pas déterminé pour l'intervalle des efcadrons.

Un des Officiers fupérieurs veillera à ce que les premiers pelotons fe forment exactement fur la nouvelle ligne.

Quand on marchera la gauche en tête, on fe formera fur la gauche par les mêmes principes, & dans ce cas, la ligne formée, on commandera *tête à droite.*

## ARTICLE 5.

*Changemens de direction en colonne.*

LE Commandant déterminera la direction

fur laquelle la tête de la colonne devra marcher ; il commandera enfuite :

*Garde à vous.*

1. *Colonne*, *prenez la direction de la tête.*

2. *Marche.*

Chaque peloton fera tête à botte à droite au à gauche pour fe porter dans la direction de la tête de la colonne , où étant arrivé, ii fera *front & halte* au commandement de fon Chef ; on continuera de marcher fi lë mouvement fe fait eu marchant.

Dans les colonnes un peu étendues, marchant par le front des efcadrons ou pelotons, on exécutera ce mouvement par un demi à droite ou un demi à gauche par fection , & on obfervera exactement dans tous les cas fa diftance à gauche, fi le mouvement fe fait par la droite ; & le contraire , s'il fe fait à gauche.

Si fans changer de front & continuant de marcher on vouloit changer la direction de toute une colonne en lui faifant gagner du terrein vers l'un des flancs, chaque fubdivifion fe porteroit de même par tête à botte fur la nouvelle direction où elle feroit front.

Dans le cas où on voudroit exécuter ce mouvement de pied ferme, tous les efcadrons ou pelotons fe porteroient par un à droite ou un à gauche par fection ou par file fur la direction indiquée, où étant arrivés ils fe remettroient face en tête.

Quand on n'aura d'autre objet que de changer fucceffivement la direction de la marche d'une colonne , on commandera : *tête de colonne diagonale à droite, diagonale à gauche, ou à droite, ou à gauche.* Alors le peloton de la tête ayant exécuté son mouvement, sera suivi des autres, qui l'exécuteront succesivement, à mesure qu'ils arriveront sur le même terrein.

Lorsqu'il sera nécessaire de changer le front d'une colonne pour marcher en arriere, ou pour la mettre en bataille du côté opposé à la marche, on commandera :

*Garde à vous.*

1. *Pelotons,*
   *Sections,* { *demi-tour à droite,*
   ou
   *demi-tour à gauche.*

2. *Marche.*

Si la colonne est par peloton, chaque peloton exécutera la demi-conversion, après laquelle il fera *halte*, ou marchera au commandement qui lui en sera fait.

Si le terrein ne permettoit point de faire la demi-conversion par une aile, on la feroit sur le centre.

Mais si l'on étoit en colonne par escadron à demi-distance, on y suppléeroit par la contre-marche, qu'on pourra aussi exécuter par peloton, mais à distance entiere ; & on commanderoit :

*Garde à vous.*
     *Pour la contre-marche.*

1. *Escadrons,*
   *Pelotons,* } *Par l'aile droite.*

2. *Marche.*

Si c'eſt par pelotons, à l'avertiſſement pour la contre-marche, le Sous-lieutenant & le Maréchal-des-logis de ſerre-file du premier peloton de chaque eſcadron, ſe porteront à l'aile gauche de leur peloton, le Sous-lieutenant à hauteur du premier rang, & le Maréchal-des-logis à hauteur du ſecond, joignant les Cavaliers.

Les ſerre-files du ſecond peloton de chaque eſcadron ſe porteront de même ſur le flanc gauche de leur peloton, mais le Maréchal-des-logis ſe placera au premier rang, & le Sous-lieutenant au ſecond.

Si c'eſt par eſcadron, les quatre ſerre-files ſe placeront dans le même ordre à la gauche de l'eſcadron.

Au deuxiéme commandement, le Cavalier de la droite de chaque rang fera demi-tour à droite, l'homme du premier rang ſe joignant dans ſon mouvement à la gauche de celui du ſecond ; tous les deux marcheront enſemble quelques pas en avant, converſant à droite pour aller à hauteur des files gauches, ſe former dans le milieu de la diſtance des deux Troupes ; faiſant face en arriere & marquant chacun leur rang, toutes les autres files ſuivront ſucceſſivement la même piſte, ſe dégageant du rang par un à droite par homme, & converſant enſuite enſemble en marchant, elles iront légérement gagner leur rang, après quoi les ſerre-files reprendront leurs places derriere la Troupe.

Les Capitaines qui doivent ſe trouver ſur les flancs de la colonne, porteront leur attention à ce que les premieres files s'établiſſent bien ſur la même direction, & à ce que les Cavaliers ſe reforment promptement.

## A R T I C L E   6.

### *Des déploiemens simples.*

L E Commandant en chef déterminera d'a-
vance, autant que les circonſtances le permet-
tront, les points d'alignement de droite & de
gauche, & enverra deux Officiers ou bas Officiers pour marquer les points intermédiaires,
ainſi qu'il a été preſcrit ci-devant.

Lorſqu'une colonne approchera du terrein
ſur lequel elle devra ſe déployer ; ſi elle marche par peloton, on fera former les eſcadrons,
& on commandera :

1. *Serrez* $\left\{ \begin{array}{l} \textit{à demi diſtance.} \\ \textit{ou} \\ \textit{en maſſe.} \end{array} \right.$

2. *Marche.*

Si c'eſt à demi-diſtance, tous les eſcadrons, excepté le premier, ſerreront au trot ; & à meſure que
chacun arrivera à la diſtance de peloton, ( ou à celle
de ſix pas, ſi c'eſt en maſſe, ) il ſe remettra au pas.

. Si la colonne n'eſt ferrée qu'à demi-diſtance, dès
que la tête arrivera à celle d'une ſection du nouvel
alignement, elle fera *halte* au commandement.

Le Commandant en chef la déployera enſuite par ſection.

1. *Garde à vous.*

1. *Sections* $\left\{ \begin{array}{l} \textit{Sur le troiſiéme} \\ \textit{eſcadron, déplo-} \\ \textit{yez la colonne.} \end{array} \right.$
    ou
*Sections en muraille ;*

2. *Marche.*

Il sera sous-entendu qu'au seul commandement *sections*, les escadrons observeront en bataille l'intervalle ordinaire, & qu'à celui *sections en muraille*, ils n'observeront que six pas d'intervalle.

Au premier commandement, le Chef du premier escadron & celui du second commanderont *sections à droite*, tandis que ceux du quatriéme, cinquiéme escadrons, &c. commanderont *sections demi à gauche, marche, halte*.

Au deuxiéme commandement, répété par les Chefs d'escadrons, toutes les sections se mettront en mouvement, les deux escadrons de la tête se porteront ensemble en avant, le premier ayant toutes les files gauches dirigées sur le point d'alignement de droite: dès que le second escadron aura parcouru la distance de son front, & en outre celle réglée pour l'intervalle des escadrons, il fera *halte front* par un à gauche par section au commandement de son Chef.

Le premier escadron observera la même regle, à compter de la droite du second.

Aussi-tôt que l'escadron d'alignement sera démasqué, il se portera en avant sur le terrein & l'alignement marqué par un ou deux Officiers, & s'alignera au commandement *alignement*. Le second escadron, après avoir fait front, se portera de même en avant dès qu'il sera démasqué par le premier; & arrivant en ligne, le Chef commandera *halte*; ces deux escadrons s'aligneront ensuite au commandement *à gauche=alignement* fait par leur Chef.

Tous les escadrons, derriere celui d'alignement, après avoir fait demi à gauche (plus ou moins) par sections, se mettront en même temps en mouvement, marchant à même hauteur. La section de

la gauche de chaque efcadron, formant tête de colonne & fuivie des trois autres, fe portera en avant
à hauteur du terrein qu'elle devra occuper en bataille
& fur l'alignement des ferre-files, où étant arrivées,
ces quatre fections feront *halte;* le Chef fe portera
auffi-tôt fur le point que devra occuper la droite
de l'efcadron, & commandera *fections à droite, en
bataille ;* alors la premiere fection ayant fait à droite,
fe portera fur le terrein marqué ; les trois autres
exécuteront le même mouvement, & fe placeront
à fa gauche pour former l'efcadron qui s'alignera
auffi-tôt à droite au commandement *alignement.*

Si la nature du terrein ou les circonftances
obligeoient de rapprocher la queue de la colonne, on la feroit ferrer *en maffé*, à fix pas
de diftance ; on ne lui commandera alors *halte*, que lorfque la tête arrivera fur le nouvel
alignement ; après quoi on pourra la déployer
par file fur tel efcadron de la colonne qu'on
jugera à propos.

*Garde à vous.*

1. *Par files*　　　⎰ *Sur le troifiéme ef-*
　　　ou　　　　⎱ *dron déployez la*
*par files en murailles,* ⎰ *colonne.*

2. *Marche.*

Au premier commandement, le Chef du premier
efcadron & celui du fecond feront à droite, & refteront à hauteur de la file gauche du premier peloton,
on ( fi l'on doit fe former en muraille ) ils fe porteront à hauteur de la dix-huitiéme file de droite, fuppofant le front de quarante-huit hommes ; ils commanderont auffi-tôt par *file à droite*, tandis que les
Chefs du quatriéme, cinquiéme efcadrons, &c.

commanderont par *file à gauche*, & iront fe placer à la droite du Lieutenant de la gauche de l'efcadron.

Tous les Capitaines en fecond de ces efcadrons
feront à droite & à gauche pour marcher fur le flanc
de leur efcadron à hauteur du centre.

Au deuxiéme commandement toutes les premieres
files qui ont fait *à droite & à gauche*, ainfi qu'il
eft prefcrit au *Titre XIII*, *art.* 7, fe mettront en
mouvement.

Les deux efcadrons de la tête fe porteront enfemble en avant, le premier ayant fa file gauche dirigée fur le point d'alignement de droite, les Capitaines · commandans des efcadrons de la tête marcheront à hauteur des files devant lefquelles il fe feront
placés ; dès que celui du fecond efcadron arrivera
de fa perfonne à hauteur de la file droite du troifiéme efcadron qui n'aura pas bougé, il fera le commandement *halte*, auquel le Lieutenant de la tête
s'arrêtera & commandera *front* ; alors cet efcadron
fe reformera fucceffivement & promptement.

Le Chef du premier efcadron, ainfi que le Lieutenant de la tête, obferveront la même régle par
rapport au fecond efcadron.

Auffi-tôt que l'efcadron d'alignement fera démafqué, il fe portera en avant fur la nouvelle ligne,
ainfi qu'il eft expliqué ci-devant.

Le fecond efcadron fe portera de même en avant
dès que le premier l'aura démafqué, & s'aligneront
l'un & l'autre comme il eft prefcrit.

Les quatriéme, cinquiéme efcadrons, &c. marchant à même hauteur, fe dirigeront diagonalement
vers le terrein qu'ils devront occuper en bataille ; le
Chef de chacun de ces efcadrons, en y arrivant,
jugera au coup d'œil, relativement à l'efcadron de
fa droite, le point où il devra établir la gauche du
fien pour avoir l'intervalle néceffaire ; il commandera
*halte* ▬ *front* à hauteur du fecond rang. Dès que

l'efcadron fera formé, il fera le Commandement *alignement*, auquel fon efcadron fe portera fur l'alignement de celui de droite.

Tous les efcadrons pendant le déploiement doivent obferver leur intervalle, & s'aligner du côté du front de bataille, marchant à même hauteur, afin que dans le cas où l'on ne voudroit pas, ou que le terrein ne permettroit pas de les déployer tous, ceux qui ne le feroient pas, fe trouvent en colonne derriere ou devant l'une ou les deux ailes de la ligne au commandement *halte* du Commandant en chef, & celui de *front* fait enfuite par le Commandant de chaque efcadron.

On pourra achever le déploiement après avoir porté la ligne en avant, lorfque le terrein le permettra, & que le Commandant en chef le jugera néceffaire.

La colonne étant en maffe, fi au lieu de la déployer en avant on étoit obligé de la mettre en bataille fur l'un de fes flancs, on commanderoit :

*Garde à vous.*

1. *Par la queue de la colonne, à gauche ou à droite, en bataille.*

2. *Marche.*

La colonne continuant fa marche en avant, le dernier efcadron fera *halte*. Son Chef commandera enfuite *fections à gauche ou à droite en bataille marche* : fi c'eft à gauche, la fection de la gauche exécutera fon mouvement, les trois de la droite ne feront qu'un *demi à gauche*, & fe porteront en avant pour fe former fucceffivement à la droite de la quatriéme, à mefure que l'efcadron précédent s'éloignera & leur fera jour. Dès que la fection de droite de ce dernier efcadron fe fera formée, & que l'escadron qui la précédera aura parcouru l'intervalle réglé, le Chef de l'escadron qui sera dejà en bataille fera le commandement *à gauche══alignement*, auquel le Chef de l'escadron précédent fera auſſi-tôt celui de *halte* ; & cet escadron exécutera la même manœuvre, ainsi que tous les escadrons de la colonne succeſſivement juſqu'à la tête.

Si la colonne n'étoit ſerrée qu'à demi-diſtance, on exécuteroit cette manœuvre par peloton.

## ARTICLE 7.

### *Des déploiemens compoſés.*

Si l'on avoit à déployer une colonne un peu conſidérable, on pourroit la diviſer d'abord en pluſieurs colonnes pour les porter toutes à même hauteur, laiſſant entr'elles l'intervalle réglé pour les escadrons.

On ſuppoſe dans cet exemple une colonne de vingt escadrons, marchant à demi-diſtance, la droite en tête. On commandera :

*Garde à vous.*

1. *Régimens* ou *Régimens en muraille*,
   { *Sur le troiſiéme* ( ou tel ) *Régiment, déboîtez de la colonne.*

2. *Marche.*

Tous les escadrons des deux régimens de la tête de la colonne feront à droite par ſections & ſe porteront en avant, s'alignant *à droite* ; dès que la quatriéme ſection du cinquiéme escadron du ſecond régiment aura dépaſſé la droite du troiſiéme régiment.

& qu'elle en fera à la diftance réglée pour l'inter-
va'le des efcadrons, l'Officier fupérieur de ce régi-
m nt commandera *halte* ═ *front*.

Tous les efcadrons du quatriéme régiment feront
à gauche par fections, & obferveront la même régle pour la gauche, s'alignant à droite.

Le premier régiment continuant fa marche fera
*halte*, après avoir dépaflé la file droite du fecond
régiment, ainfi qu'il vient d'être prefcrit pour le fecond à l'égard du troifiéme.

Dès que le troifiéme régiment fera démafqué, il
fe portera en avant au commandement de fon Officier fupérieur qui commandera *halte*. Dès que la
tête arrivera fur le terrein & l'alignement marqué
par un ou deux Officiers, le commandement *halte*
fera auffi-tôt répété par tous les Chefs d'efcadrons qui
feront enfuite celui *alignement*.

Le fecond régiment fe portera de même en avant
dès que le premier l'aura démafqué, & arrivant en
ligne, l'Officier fupérieur commandera *halte* ; ce qui
fera répété par tous les Chefs d'efcadrons qui s'aligneront enfuite, ainfi que ceux du régiment de droite
au commandement *à gauche* ═ *alignement*,

Le quatriéme régiment fe portera en même temps
en avant fur la nouvellelle ligne, il y fera *halte*, fe
conformant à ce qui eft prefcrit pour le troifiéme.

On conduira les quatre régimens en colonne
( ayant entr'eux l'intervalle réglé ) fur le terrein où
ils devront fe déployer. Au commandement *marche*,
fait par le Commandant en chef, & répété ainfi
qu'il a été prefcrit, les deux régimens de droite
laifferont la tête à gauche ; cette colonne fera ainfi
fufceptible d'être déployée fur tel efcadron qu'on
jugera à propos, fuivant le terrein qu'on aura à
occuper, ou que l'on voudra prolonger la droite
ou la gauche.

Si l'efcadron d'alignement fe trouvoit dans le régiment

giment de droite ou de gauche , on s'aligneroit à droite ou à gauche.

Le Commandant en chef aura fait marquer d'avance les points de droite & de gauche fur lefquels la colonne devra fe déployer.

En arrivant à la diftance de fection de la nouvelle ligne , les quatre régimens feront *halte* au commandement répété comme ci-deffus.

Les quatre régimens devant , dans cet exemple , fe déployer fur le cinquiéme efcadron du deuxiéme régiment , le Commandant en chef commandera :

*Garde à vous.*

1. *Sections* ou *Sections en muraille,* $\left\{\begin{array}{l}\textit{Sur le cinquiéme efca-}\\ \textit{dron du fecond ( ou de}\\ \textit{tel ) régiment, déployez}\\ \textit{la colonne.}\end{array}\right.$

2. *Marche.*

Au premier commandement , tous les efcadrons des deux régimens de droite feront à droite par fections , excepté le cinquiéme efcadron du deuxiéme régiment , qui ne bougera, & tous les efcadrons des deux régimens de gauche feront à gauche par fections , excepté le premier efcadron du troifiéme régiment , qui ne bougera.

Au deuxiéme commandement , les efcadrons des deux régimens de droite fe porteront en avant, excepté l'efcadron de déploiement ; dès que le quatriéme efcadron du fecond régiment aura dépaffé le cinquiéme, & que la derniere fection en fera à la diftance réglée pour l'intervalle , il fera *halte* ==front* ; les troifiéme , deuxiéme & premier en feront fucceffivement de même , les uns par rapport aux autres.

G

Auffi-tôt que le cinquiéme efcadron du deuxiéme régiment fera démafqué, il fe portera en avant fur la nouvelle ligne, & fucceffivement le quatriéme, le troifiéme & deuxiéme, en fe conformant à ce qui eft prefcrit ci-devant.

Le Chef du cinquiéme efcadron du régiment de droite qui marchera à la quëue de fon efcadron, fe réglera fur le premier efcadron du fecond régiment, pour juger de l'inftant où il devra comman-der *halte — front*; & tous les efcadrons de ce premier régiment exécuteront fucceffivement ce qui vient d'être prefcrit pour ceux du fecond régiment.

Les deux régimens de gauche fe mettront en mouvement en même temps, le premier efcadron du troifiéme régiment fe portera en avant fur le nouvel alignement, tous les efcadrons du quatriéme régiment fe porteront directement en avant, & les quatre derniers du troifiéme régiment fe porteront diagonalement fur le terrein qu'ils devront occuper en bataille, où ils fe formeront fucceffivement dans l'ordre prefcrit ci devant; dès que le cinquiéme efcadron du troifiéme régiment arrivera fur fon terrein, & que le premier efcadron du quatriéme ré-giment en fera éloigné d'un intervalle, celui-ci fera *halte — front*; alors tous les autres efcadrons de ce régiment fe dirigeront diagonalement fur leur terrein pour fe former en bataille, ainfi qu'il vient d'être dit pour ceux du troifiéme régiment.

Lorfque les circonftances exigeront de faire ferrer la colonne en maffe, on pourra également la divifer en plufieurs colonnes, comme ci-deffus, & les déployer enfuite par files. On commandera :

*Garde à vous.*

1. *Régimens*,
ou
*Régimens en mu-raille*,

} *Sur le troisiéme ( ou tel ) Régiment, déboîtez de la colonne.*

2. *Marche.*

Au premier commandement, le Chef du cin-quiéme escadron de chacun des deux régimens de la tête de la colonne fera à droite, & se placera comme il est dit ci-devant, à hauteur de la file gauche du premier peloton, ou ( si l'on doit se former en mu-raille ) à hauteur de la dix-huitiéme file de droite.

Les Officiers supérieurs de ces deux régimens fe-ront aussi-tôt le commandement par *file à droite*, qui sera répété par les Chefs d'escadron de ces deux régimens.

Le Chef de l'escadron de la tête du dernier ré-giment de la colonne fera à gauche, & se placera à hauteur de la file droite du second peloton, ou de là dix-huitiéme file de gauche.

L'Officier supérieur de ce régiment commandera, en même temps que ceux des premiers, par *file à gauche*; ces commandemens seront répétés de même par les Chefs d'escadron de ce régiment.

Au deuxiéme commandement, tous ces escadrons se mettront en mouvement, marchant à même hau-teur, observant leur intervalle & s'alignant à droite; dès que le Chef du cinquiéme escadron du second régiment, & celui du premier escadron du quatriéme régiment ( qui marcheront à hauteur des files dé-signées ci devant ) arriveront de leur personne à hau-teur de la file droite & gauche du régiment qui n'aura pas bougé, ils feront le commandement *halte*, qui sera aussi-tôt répété par les Chefs des autres escadrons de ces deux régimens, & auquel tous les Lieutenans de la tête commanderont *front*. Dès que les esca-drons feront reformés, ces deux Chefs se replaceront au centre , tous ceux du second régiment commanderont *à gauche* ▬ *alignement* , & ceux du quatriéme commanderont *alignement*.

Le premier régiment continuant sa marche , observera la même régle par rapport au second.

Dès que le troisiéme régiment sera démasqué , il se portera , comme il est dit , sur le terrein & sur l'alignement qu'occupoit le premier.

Le second régiment se portera de même en avant dès que le premier l'aura démasqué.

Le quatriéme régiment se portera sur la nouvelle ligne aussi-tôt qu'il aura fait front.

Cette colonne marchera dans cet ordre jusques sur le terrein où on voudra la déployer ; elle y fera *halte* au commandement répété comme ci-dessus , & on commandera :

*Garde à vous.*

1. *Par files* ⎫ *Sur le cinquieme escadron*
   ou    ⎪ *du second* ( ou de tel ) *régi-*
   *par files*   ⎬ *ment , déployez la colon-*
   *en muraille ,* ⎭ *ne.*

2. *Marche.*

Au premier commandement , les Chefs des quatre premiers escadrons des deux régimens de droite feront à droite , & se placeront comme il est dit ci-devant pour les Chefs du cinquiéme escadron des deux premiers régimens , à hauteur de la file gauche du premier peloton ( ou dix-huitiéme file de droite )

Celui du cinquiéme escadron du premier régiment restera à sa place pour marcher ensuite derriere son escadron. Ils commanderont tous par *file à droite* , excepté celui du cinquiéme escadron du second régiment , qui est celui de déploiement.

Les Chefs d'escadron des deux régimens de gauche, excepté le premier du troisiéme régiment,
commanderont tous par *file à gauche*, & ceux des
quatre derniers escadrons de chacun de ces deux régimens se placeront à la droite du Lieutenant de gauche ; celui du premier escadron du quatriéme régiment restera à sa place pour marcher ensuite derriere son escadron.

Au second commandement, tous ces escadrons se
mettront en mouvement ensemble, observant ce qui
a été prescrit ci-devant pour l'alignement & l'intervalle.

Dès que le Chef du quatriéme escadron du second régiment arrivera de sa personne à hauteur de
de la file droite du cinquiéme escadron qui n'aura
pas bougé, il commandera *halte*, auquel le Lieutenant fera halte & commandera *front* ; les Chefs
des autres escadrons de ce régiment se conformeront
successivement à la même régle, les uns par rapport aux autres.

Dès que l'escadron de déploiement sera démasqué,
il se portera sur le terrein & l'alignement qu'occupoit le premier escadron, & successivement le quatriéme, troisiéme & deuxiéme, en se conformant à
ce qui a été prescrit ci-devant.

Le Chef du cinquiéme escadron du régiment de
droite, qui marchera à la queue de son escadron,
aura l'œil sur le second escadron, du deuxiéme régiment, pour juger de l'instant où il devra commander
*halte* au sien ; ce qu'il fera lorsque ce second escadron aura encore sa premiere file à vingt-quatre pas
du terrein que la droite devra occuper, si l'on doit
observer les intervales ( ou à quarante-deux pas si l'on
doit se former en muraille. )

Pour être plus assuré d'arrêter cet escadron à propos, le Major de ce régiment se portera derriere la
droite du troisiéme escadron du second régiment, au
moment où il devra faire front, il verra défiler le

second escadron de ce régiment ; dès qu'il y aura
seize files ( ou dans le second quatre files ) dépassées,
il avertira le Capitaine du cinquième escadron de
son régiment pour faire le commandement *halte*,
qui sera aussi-tôt répété par le Capitaine en second,
& même par les Sous-lieutenans & Maréchaux-des-
logis, s'il en est besoin : après quoi ce Chef d'escadron regagnera le centre de son escadron. Les autres escadrons de ce régiment exécuteront, par rapport à celui-ci, ce qui vient d'être dit pour le second
régiment, & s'aligneront tous à gauche, en arrivant
sur le nouvel alignement.

Les deux régimens de gauche se mettront en mouvement en même temps, excepté le premier escadron
du troisième régiment qui ne bougera ; tous les autres escadrons de ce régiment se formeront successivement à sa gauche en se dirigeant diagonalement
sur leur terrein, ainsi qu'il a été prescrit ci-devant.

Le chef du premier escadron du régiment de gauche marchera derriere son escadron pour être à portée de juger de l'instant où il devra l'arrêter. Il se
conformera, ainsi que le Major ( qui se placera devant la gauche du troisième escadron du régiment
qui se formera derriere lui ), à la même régle qui
vient d'être expliquée pour le cinquième escadron du
régiment de droite.

La tête de ce premier escadron ayant fait *halte*
& *front*, tous les autres se formeront successivement
à sa gauche, ainsi qu'il vient d'être prescrit pour ceux
du troisième régiment, & s'aligneront à droite.

Pour que l'exécution des commandemens
prescrits ci-dessus soit exacte, on aura l'attention de les faire un peu à l'avance, en proportion des distances.

Dans ces déploiemens, l'objet le plus
essentiel étant de n'embrasser ni trop ni trop

peu de terrein, les Chefs des corps & ceux
des escadrons porteront toute leur attention
à établir leur Troupe le plus exactement, sur
leur terrein respectif, en se conformant à ce
qui vient d'être prescrit ; mais comme ces
regles peuvent être faillibles par le défaut
d'exactitude des files dans leur marche (que
l'on a supposé occuper en longueur trois fois
leur front) & que d'ailleurs le défaut de précision d'une Troupe peut induire en erreur &
influer sur toutes les autres, les Officiers s'ac-
contumeront à juger, au coup-d'œil, des distances & de l'étendue d'une Troupe en file,
relativement à son front de bataille. C'est
dans la pratique de ces exercices qu'on peut
d'autant mieux juger des distances, faire les
commandemens à propos & se perfectionner
dans l'exécution de ces différentes manœuvres.

## ARTICLE 8.

### *Des changemens de front.*

POUR changer le front d'une ligne sur
le centre ; si c'est sur la droite, on placera
la section, le peloton ou l'escadron, soit du
centre ou approchant, ainsi qu'on le jugera
à propos, sur le nouvel alignement; on commandera ensuite:

*Garde à vous pour changer le font sur le
centre.*

1. *Sections de l'aile droite, demi-tour à
droite.*

2. *Marche.*

Tous les escadrons de l'aile droite feront demi-
tour à droite par sections.

3. *Sur l'escadron d'alignement , en bataille.*

4. *Marche.*

Tous les escadrons qui auront fait face en arriere,
se rompront par un demi à droite par section plus ou
moins ; la quatriéme section de chaque escadron formant tête de colonne & suivie de trois autres, se portera en avant, la section la plus près de l'escadron
d'alignement observant seule de se porter à hauteur
de la droite du terrein qu'elle devra occuper en bataille, & du second rang de l'escadron d'alignement ;
de maniere qu'après sa demi-conversion à droite, il
se trouve l'intervalle réglé entre les escadrons ; les
trois autres sections se formeront successivement à
sa gauche ; cet escadron formé sur la nouvelle ligne
fera face en tête par un demi tour à droite par sections ; mais il n'exécutera ce mouvement qu'après
que la section de la tête de l'escadron suivant sera
arrivée sur son terrein pour être mieux assuré de
l'intervalle. le Chef de ce premier escadron formé,
commandera ensuite *à gauche═alignement;* alors
cet escadron se portera sur l'alignement de celui du
centre.

Les escadrons de la gauche de la ligne qui
n'auront pas bougé, se rompront de même par
sections la droite en tête, & iront se former successivement en bataille sur la droite, en se conformant à
ce qui est prescrit ci-devant à *l'article* 4, s'alignant
aussi-tôt sur l'escadron d'alignement.

Ce mouvement de l'aile gauche dans le
changement de front sur le centre, indique
celui qu'on doit faire pour changer le front

par une aile feulement ; mais fi la portion de converfion que l'on voudroit faire parcourir à l'aile fe trouvoit d'une petite étendue, on placera l'efcadron d'alignement fur la nouvelle ligne, & tous les autres s'y porteront de front après une portion de converfion.

### ARTICLE 9.
*De l'Ordre oblique par échelons.*

LORSQU'ON voudra, pour quelque raifon que ce foit, difpofer l'ordre de bataille par échelons, on fera les commandemens fuivans :

*Garde à vous.*

1. *Régimens,* $\left\{\begin{array}{c}\text{de droite}\\ \text{ou}\\ \text{de gauche,}\end{array}\right.$ *Efcadrons,* $\left\{\begin{array}{c}\text{à demi-diftance}\\ \text{( ou}\\ \text{diftance entiere)}\\ \text{en avant}\\ \text{par échelons.}\end{array}\right.$

2. *Marche.*

Si c'eft par la droite & par régiment, le régiment de droite fe portera en avant, dès qu'il fera éloigné du fecond d'un tiers de diftance, celui-ci fe mettra en mouvement pour marcher directement en avant.

Le troifiéme en fera de même quand le fecond l'aura dépaffé du tiers de fon front, & ainfi des autres fucceffivement.

Si c'eft par efcadron, on difpofera auparavant l'ordre de bataille en muraille ; le premier efcadron fe portera directement en avant ; le fecond efcadron fe mettra en mouvement pour marcher auffi en avant, dès que le premier en fera éloigné d'une

demi-diftance ou diftance entiere; le troifiéme efcadron fe mettra enfuite en mouvement, & fucceffivement le quatriéme, cinquiéme, &c. qui obferveront
la même regle par rapport à l'efcadron qui les précédera.

Dans cette fituatiou les efcadrons étant partis de
l'ordre en muraille, fe trouveront dans l'ordre ordinaire, fi après s'être éloignés à diftance entiere,
ils fe mettent en bataille par un demi à gauche;
& l'intervalle fe trouvera mitoyen entre ces deux,
s'ils ne fe font éloignés qu'à demi-diftance.

On pourra auffi partir de l'ordre de bataille ordinaire pour exécuter cette manœuvre; mais dans
ce cas, les efcadrons ne s'éloigneront qu'à demi-
diftance, pour n'avoir pas trop d'intervalle entr'eux
en bataille.

On fera le commandement *halte* dès que l'ordre
oblique par échelons fera formé, ou l'on continuera
de fe porter en avant, fi on le juge à propos.

On pourra également faire cette difpofition, partant de l'ordre en colonne.

Si la colonne eft par le front d'efcadron, la
droite en tête marchant à la diftance d'intervalle, on les fera ferrer à la diftance de leur
front ou à demi-diftance, & on commandera :

*Garde à vous.*

1. *Efcadrons,* { *Par fections fur la*
                 { *gauche, en échelons.*

2. *Marche.*

L'efcadron de la tête fe portera en avant à la
diftance du front d'une fection; tous les autres efcadrons feront à gauche par fections, & fe porteront en avant, marchant à même hauteur, s'ali-

gnant à droite & obfervant leur intervalle de droite ;
à mefure que le premier rang de la fection de la
queue de chacun arrivera à hauteur de la file gauche de l'efcadron formé à fa droite , le Chef d'efcadron commandera *halte* = *front* , les quatre
fections feront face en tête par un à droite , pour
reformer l'efcadron qui s'alignera au commandement *align m nt.*

Si les efcadrons font partis de la colonne à diftance de front , il fe trouvera entre eux un peu
moins que l'intervalle ordinaire, s'ils fe mettent en
bataille par un demi à gauche ; s'ils font partis à
demi-diftance , l'ordre de bataille fe trouvera être
en muraille.

On pourra fe déployer en échelons fur tel efcadron de la colonne qu'on jugera à propos, & que
l'on défignera pour centre de déploiement, lequel
fe portera également en avant à la diftance du
front d'une fection ; & tous ceux qui le précéderont , exécuteront leur mouvement par un à droite
par fection.

Cet ordre étant mitoyen entre celui de bataille
& la colonne , fera fufceptible d'être employé avec
avantage , foit pour refufer un aile , pour prendre
l'ennemi en flanc , fe remettre promptement en
colonne , &c.

Lorfqu'on voudra faire des mouvemens rétrogrades dans cet ordre , l'efcadron de la tête fera
demi-tour à droite par fection pour fe porter en
arriere ; le fecond efcadron en fera de même quand
le premier en fera éloigné de la même diftance qu'ils
obfervoient entr'eux , & fucceffivement tous les
autres jufqu'au dernier de la gauche qui ne bougera ,
alors tous les efcadrons feront *halte & front.*

On répétera la même manœuvre par la gauche,
les efcadrons faifant dans ce cas demi-tour à gauche par fection, & alternativement de la droite à
la gauche autant de fois qu'il fera néceffaire, pour

enfuite reprendre l'ordre de bataille en ligne fuivant les circonftances, & fur tel efcadron que l'on défignera.

## ARTICLE 19.

### *Serrer & ouvrir l'ordre de bataille.*

LORSQU'EN marchant en bataille avec intervalle, on voudra ferrer les efcadrons en muraille, on commandera :

*Garde à vous pour marcher en muraille.*

1. *Efcadrons,* { *fur la droite,* / *fur la gauche* / ou / *fur le centre,* } *Serrez en muraille*

2. *Marche.*

Si c'eft à droite, tous les efcadrons appuieront à droite fur le premier ; fi c'eft à gauche, mouvement contraire ; fi c'eft fur le centre, ceux de l'aile droite appuieront à gauche, & ceux de l'aile gauche appuieront à droite, pour ne laiffer entr'eux que fix pas d'intervalle ; après quoi ils fe porteront directement en avant.

Pour reprendre les intervalles, on commandera :

*Garde à vous pour ouvrir les intervalles.*

1. *Efcadrons,* { *fur la droite,* / *fur la gauche* / ou / *fur les ailes.* } *Ouvrez les intervalles.*

2. *Marche.*

Ce mouvement s'exécutera par les mêmes moyens ; & pour y parvenir avec plus de précifion, & n'être pas dans le cas de revenir fur fes pas pour avoir pris trop d'intervalle , fuppofant qu'on les reprenne par les ailes , la file gauche de chaque efcadron de l'aile droite , & la file droite de chaque efcadron de l'aile gauche auront attention , dès qu'elles jugeront être affez éloignées de l'efcadron voifin du côté du cen- tre , de ne plus appuyer vers l'aile , mais de fe porter alors directemene en avant , fans avoir égard aux Cavaliers qui pourroient s'éloigner d'eux ; c'eft à quoi les Capitaines en fecond veilleront.

Ces premieres files auront la même attention en ferrant en muraille , foutenant ferme leur rang , dès qu'elles feront à fix pas au moins de l'efcadron voifin.

Quand on exécutera ce mouvement de pied ferme , on fera rompre *à droite* ou *à gauche* , ou bien *à droit* & *à gauche* par fection ou peloton ; & tous les efcadrons arrivés à la diftance prefcrite feront *halte* fucceffivement , & fe remettront enfemble en bataille par les mouvemens contraires , au comman- dement qui en fera fait.

### A R T I C L E  II.
## *De la charge contre la Cavalerie.*

UN efcadron aura toujours un avantage réel en attaquant l'ennemi le premier , ou en allant au-devant de celui qui viendroit l'atta- quer. Il fe dirigera , autant qu'il fera poffible , fur le flanc de l'efcadron qui lui fera oppofé ; il fera d'autant plus affuré du fuccès en em- ployant la plus grande rapidité & en confer- vant fon enfemble.

On fera toujours mettre aux Cavaliers le moufqueton à la grenadiere avant d'aller à la charge , & on établira l'ordre de bataille en muraille , ou avec les intervalles que le

Commandant en chef jugera à propos.

L'attaque se fera en ligne parallele, en ligne oblique, ou par échelons.

Pour l'attaque en ligne parallele, le Commandant indiquera l'objet en avant sur lequel le commandant de l'escadron d'alignement, qui doit régler la direction de toute la ligne, devra se porter. Il commandera ensuite :

*Garde à vous pour charger.*

1. *Sabre à la main.*

2. *Marche.*

A cet avertissement, le Cavalier du second rang de la file de l'étendard reculera sur l'alignement des serre-files, le Porte-étendard reculera au second rang, le Brigadier qui étoit a sa gauche se placera devant lui pour laisser sa place au Chef d'escadron, qui reculera les deux tiers de son cheval dans le rang.

Dans les escadrons où il n'y a point d'étendards, le Chef se placera de même dans le premier rang, entre les deux Brigadiers du centre. Pour cet effet, le Cavalier du second rang de la deuxiéme file de gauche du premier peloton, reculera en serre-file; son Chef-de-file reculera au second rang, & le Brigadier appuiera à droite pour faire place au Capitaine; après quoi le second rang de chaque escadron appuiera à droite, de maniere que les Cavaliers laissant leur Chef-de-file à gauche, se trouvent vis-à-vis le vuide ou crénaux de ceux du premier rang : ce moyen évitera les atteintes ; mais dans cette position, ce second rang ne serrera pas davantage sur le premier, & marchera toujours à la distance prescrite, sans rompre le premier rang.

Les Officiers supérieurs se placeront dans leurs intervalles respectifs ; le Mestre-de-camp-comman-

dant, à trente pas derriere le centre du régiment,
ayant le Major & l'Adjudant à portée de lui, &
deux Trompettes pris de deux escadrons ; tous les
autres Trompettes se tiendront derriere l'intervalle
de leur escadron, sur l'alignement des serre files.

Au premier commandement, on mettra le sabre
à la main ; au deuxiéme, toute la ligne s'ébranlera
au pas, & à cinquante environ, l'Officier supérieur
fera sonner un *demi-appel* court & bref par les deux
Trompettes seulement ; à ce signal les Chefs d'escadrons commanderont au *trot═marche* ; cent cinquante pas plus loin un demi-couplet très bref de la
*marche*, répété par tous les Trompettes, auquel les
Chefs d'escadrons commanderont au *galop═marche*.
Après avoir parcouru l'espace de cent pas environ
au galop, tous les Trompettes sonneront la *charge*
au commandement *haut le sabre*, & les Cavaliers
alongeront le galop ; un moment après le Chef du
régiment commandera *chargez*, ce qui sera répété
par les Capitaines en second, les Chefs d'escadron
élevant le sabre très-haut à ce dernier commandement ;
& les Cavaliers baisseront la main & s'éléveront sur
les étriers, sans cependant abandonner leur rang ni
perdre leur ensemble.

Le Chef du régiment commandera ensuite
1. *Garde à vous* ; 2. *Halte*. On restera un
peu de temps sur la premiere syllabe du deuxiéme commandement, qui sera répété de
même par les Officiers supérieurs & les Chefs
d'escadron, en reportant le sabre à l'épaule ;
& quinze pas après, la ligne fera halte au commandement *alignement*, répété par les Officiers supérieurs & les Chefs d'escadrons ; alors
le second rang appuyant à gauche se replacera
à les Chefs-de-file.

Lorsque le Commandant jugera à propos de renforcer l'aile attaquante, il placera derrière un ou deux escadrons en colonne par sections ou pelotons, qui se détacheront avec la plus grande rapidité au moment de l'attaque pour déborder l'ennemi & le charger en flanc en même temps que la ligne le chargera de front.

Les charges doivent être courtes dans les exercices journaliers, mais hardies & impétueuses : c'est toujours en raison du degré de vîtesse que l'on doit compter sur le succès, & il est à desirer qu'un escadron bien lancé s'arrête difficilement ; c'est pourquoi on a prescrit la gradation ci-dessus pour les ralentir, les arrêts brusques étant contraires à la conservation des chevaux & au simulacre d'une véritable charge, en s'éloignant de la vérité.

Dans ces mêmes exercices journaliers, le Général ou le Commandant en chef des Corps particuliers se placera à quatre cents pas en avant de la ligne, y faisant face, pour juger de l'exécution de cette manœuvre importante, & fera placer à cinquante pas en avant de lui quelques bas Officiers pour représenter la ligne ennemie, lesquels, à l'approche des escadrons, s'éloigneront & iront se placer un peu en arrière du Général.

Quand un régiment exercera seul, le Colonel-commandant se placera en avant de la ligne, comme il vient d'être dit ; il sera remplacé

placé derriere le régiment par le Colonel en
second, & celui-ci par le Major.

La ligne ayant fait *halte*, le Commandant
en chef détachera, s'il le juge nécessaire, l'escadron des Chevaux-légers qui se divisera par
pelotons ou sections, selon le besoin, pour
poursuivre l'ennemi & l'empêcher de se rallier.

Quand le Commandant voudra faire rentrer
cet escadron, il fera sonner le *ralliement* &
enverra quelques escadrons en avant, s'il est
nécessaire, pour protéger la retraite.

Les escadrons qui seront en colonne derriere
l'aile attaquante, lorsque cette disposition aura
lieu, rentreront de même en ligne, si après avoir
chargé les flancs ils avoient continué à poursuivre l'ennemi.

Les Commandans des corps & les Chefs
d'escadrons ne doivent jamais perdre de vue
qu'un des avantages le plus réel, dans un jour
d'affaire, est celui de maintenir l'ensemble des
régimens & escadrons, & de les rallier au besoin le plus promptement possible, pour être
en état de faire face à l'ennemi, ou de combattre les nouvelles lignes qui pourroient se
présenter.

La charge en ligne oblique doit être em-
ployée lorsque la ligne de l'ennemi est plus
étendue, afin de lui refuser une aile, & de
lui ôter par-là l'avantage de la longueur de
son front.

La charge par échelons doit être préférée

H

lorfqu'on veut ménager fes forces & ne mettre aux prifes avec l'ennemi que quelques efcadrons ou régimens.

Le point d'attaque déterminé , on fait avancer un efcadron ou régiment pour former l'attaque , fuivi fucceffivement des fecond, troifiéme efcadrons , &c. ou régimens par échelons plus ou moins à portée l'un de l'autre, fuivant le befoin, ainfi qu'il eft detaillé à *l'article 9 du préfent Titre.*

### A R T I C L E  12.

*De la charge contre une ligne d'Infanterie.*

QUAND un corps de Cavalerie devra attaquer une ligne d'Infanterie , il fera difpofé fur autant de colonnes que fa force le lui permettra.

Suppofant que chaque colonne doive être compofée de cinq efcadrons, on les formera dans l'ordre fuivant :

*Garde à vous.*

1. *Sur le premier* (ou tel) *efcadron, formez la colonne d'attaque.*

2. *Marche.*

.Le premier efcadron fe portera en avant à la diftance d'une fois & demie fon front.

Le fecond par un à droite par fections , ira fe placer en colonne derriere le premier, fur le terrein que celui-ci occupoit.

Les quatre Trompettes de ces deux efcadrons fe placeront à douze pas en arriere du centre du fecond efcadron.

Le troifiéme, le quatriéme & cinquiéme efcadrons fe placeront de même en colonne derriere le fecond, obfervant entr'eux une demi–diftance feulement; mais le troifiéme éloigné de cent pas du fecond.

Les Porte-étendars fe placeront à l'efcadron de la queue, le premier à la droite du Brigadier de gauche de la premiere feétion, & le fecond à la gauche du Brigadier de droite de la quatriéme feétion.

Le Meftre-de camp-commandant fe placera entre le fecond & à portée du troifiéme efcadron, ayant le Major près de lui; le Meftre-de camp en fecond fe tiendra à quatre pas & vis-à-vis le centre du premier peloton du troifiéme efcadron; le Lieutenant-colonel fe placera à quatre pas & vis-à-vis le centre du fecond peloton du quatriéme efcadron.

Tous les Chefs d'efcadrons, excepté celui du cinquiéme, fe placeront dans le premier rang au centre de leur efcadron, le dépaffant du tiers d'une longueur de cheval.

Les Trompettes des trois derniers efcadrons feront placés derriere le centre de leurs efcadrons.

## Ce préparatif fait, on commandera:

### Garde à vous pour charger.

1. *Sabre à la main.*

2. *Marche.*

Au premier commandement, toute la colonne mettra le fabre à la main.

Au deuxiéme, répété par tous les Chefs d'efcadrons, & auquel les quatre Trompettes des deux premiers efcadrons fonneront un couplet de la *marche*, toute la colonne fe mettra en mouvement. Après qu'elle aura parcouru cinquante pas environ, ou qu'elle fera à quatre cens pas de la ligne ennemie, l'Officier fupérieur fera fonner un *demi-appel* par les quatre Trompettes feulement. A ce fignal les Chefs d'efcadrons commanderont *au trot — marche;* cent pas plus loin, l'Officier supérieur fera le commandement *du galop*, auquel les quatre Trompettes fonneront la *charge*, & les deux efcadrons d'attaque feulement partiront au galop ; le Chef du premier efcadron arrivant à cent pas de l'ennemi ( qui fera figuré par deux bas Officiers) commandera *haut le fabre*, & les Cavaliers élevant le fabre allongeront le galop ; un moment après élevant le fabre très-haut, il fera le commandement *chargez*, répété par le Chef du fecond efcadron ; ces deux Troupes s'abandonneront à toutes jambes pour culbuter tout ce qui fe trouvera devant elles, & s'arrêteront à cinquante pas environ derriere la ligne enfoncée.

Pendant cette charge les trois autres efcadrons continueront l'allure du trot, jufqu'à ce que le troifiéme efcadron arrive à cinquante pas de la trouée fur laquelle, ou près laquelle feront reftés les quatre Trompettes & l'Officier fupérieur, qui fera aux efcadrons arrivans le commandement *aux flancs*; auffi-tôt le Meftre-de-camp en fecond avec le troifiéme efcadron rompant par un demi à droite par peloton à toutes jambes, le Lieutenant-colonel rompant par un demi à gauche par peloton au même degré de vîteffe avec le quatriéme efcadron, chargeront les flancs de la ligne entamée, chacun de leur côté environ cent pas; après quoi ils s'arrêteront, fe remettront en ordre, faifant toujours face en colonne par peloton vers le flanc qu'ils auront chargé.

Le cinquiéme efcadron reftera feul fur la trouée pour fervir de point central de ralliement.

Dès que le Commandant en chef jugera à propos de raffembler fes Troupes, il fera fonner le *ralliement*; à ce fignal répété par tous les Trompettes, le premier efcadron fe rompra vers fa droite par pelotons pour marcher en arriere, paffera à la droite du cinquiéme efcadron, pour aller fe former derriere lui, à la diftance néceffaire pour laiffer entre lui

& le cinquiéme, la place que doivent occuper les autres escadrons serrés *à demi-distance.*

Le second escadron se rompra par sa gauche en même temps que le premier, & passant à la gauche du cinquiéme, il se formera derriere lui & en avant du premier.

A mesure que ces deux escadrons, en se retirant, arriveront à hauteur des escadrons qui ont chargé en flanc, ceux-ci feront à peu près une demi - conversion par peloton, le troisiéme escadron par la droite & le quatriéme par la gauche, pour aller se former & prendre leur rang dans la colonne qui se trouvera alors avoir la gauche en tête : tous ces mouvemens de ralliement s'exécuteront au trot, pendant lesquels le cinquiéme escadron se portera quelques pas en avant, s'il est nécessaire.

La colonne ainsi formée, le Commandant en chef fera ses dispositions, soit pour une nouvelle attaque, soit pour la déployer, soit enfin pour la retraite.

Dans le premier cas, il feroit repasser les étendards au premier escadron, & dans les deux derniers, à leurs places ordinaires.

**ARTICLE 13.**

*Des différentes mánieres de rompre un régiment ou une ligne.*

ON se rompra par sections, plus habituellement par pelotons, & s'il est besoin, par escadrons.

*Rompre à droite ou à gauche.*

*Garde à vous.*

1. *Sections,*
   *Pelotons,* } *à droite* ou *à gauche.*
   *Escadrons,*

### 2. Marche.

Chacune des subdivisions par laquelle on devra
se rompre, fera un mouvement de conversion à
droite ou à gauche; le mouvement prêt d'être achevé, le Chef de chacune commandera *halte*, & *à
gauche* ⸺ *alignement* si on a rompu à droite, & 
*alignement* si on a rompu à gauche.

Si la colonne doit marcher pour se prolonger sur le même alignement, elle se mettra en mouvement, en se conformant, pour
les commandemens d'avertissement & d'exécution, à ce qui est dit dans les principes généraux.

### ARTICLE 14.
*Marcher perpendiculairement en avant du
front de bataille.*

LA ligne rompue par sections, pelotons
ou escadrons, le Commandant en chef commandera :

*Garde à vous.*

1. *Régiment,* } *tête de colonne,*
   *Brigade,* } *à gauche.*

### 2. Marche.

Au premier commandement, l'Officier supérieur
commandant chaque régiment ou chaque brigade,
qui au moment où on rompra, devra toujours se
porter à la tête de son régiment ou de sa brigade,
indiquera au guide de la subdivision de la tête de sa
colonne, le point sur lequel il devra se diriger.

Au second commandement, la totalité de chaque
colonne se mettra en marche pour suivre la subdi-

vifion de la tête, qui fera un quart de converfion à gauche pour fe déboîter de la colonne générale; ce qui fera exécuté fucceffivement par toutes les autres fubdivifions, à mefure qu'elles arriveront fur le même terrein.

Si la ligne doit former autant de colonnes qu'il y a de régimens, l'Officier fupérieur commandant chaque régiment fera chargé de la conduite du fien, & le Colonel-commandant ou le Commandant de chaque régiment fera, dans fa colonne, dès qu'elle fera détachée de l'enfemble de la ligne, les fonctions de Commandant en chef.

Si la ligne doit former autant de colonnes qu'il y a de brigades, l'Officier fupérieur commandant chaque brigade, fera de même dans chaque colonne, les fonctions de Commandant en chef. Tous ces commandemens pafferont alors directement à l'Officier fupérieur de chaque régiment dans fa colonne; cette regle s'étendra égaiement fur toutes les colonnes qui feront compofées d'un nombre plus confidérable de régimens, de maniere que chaque colonne foit toujours conduite & commandée par un Commandant en chef.

## ARTICLE 15.

*Marcher diagonalement en avant du front de bataille.*

Si au lieu de faire prendre une direction perpendiculaire à ces différentes colonnes, on

veut les diſpoſer diagonalement , on commandera :

*Garde à vous.*
1. *Régiment,* } *tête de colonne diagonale*
   *Brigade,* }　　　*à gauche.*
2. *Marche.*

Ce qui s'exécutera ainſi qu'il vient d'être preſcrit
ci-deſſus excepté que la premiere ſubdiviſion de
chaque colonne au lieu de faire un quart de converſion à gauche, ne fera qu'un demi à gauche.

ARTICLE 16.

*Marcher perpendiculairement en arriere du*
*front de bataille.*

Le Commandant en chef commandera :

*Garde à vous.*
1. *Régiment,* } *tête de colonne à droite.*
   *Brigade,* }
2. *Marche.*

Ce mouvement s'exécutera par les mêmes principes, avec cette différence que la ſubdiviſion de la
tête de chaque colonne fera un quart de converſion
à droite.

Si pendant cette marche on étoit obligé
de faire revenir les colonnes ſur elles-mêmes,
on feroit faire une demi converſion par ſubdiviſion, ou ſi le terrein ne le permettoit pas, on
feroit exécuter la contre-marche, ainſi qu'elle
eſt expliquée à *l'article* 5 du préſent Titre.

## Article 17.

*Marcher diagonalement en arriere du front de bataille.*

Si au lieu de porter perpendiculairement ces colonnes fur la droite, on veut les difpofer diagonalement, le Commandant en chef commandera :

*Garde à vous.*

1. *Régiment,* } *tête de colonne diagonale*
*Brigades,* } *à droite.*

2. *Marche.*

La fubdivifion de la tête de chaque colonne fera un demi à droite, & fera fuivie fucceffivement par toutes les autres, fe conformant d'ailleurs à tout ce qui eft prefcrit ci-devant.

Si plufieurs régimens étant en bataille doivent former une feule colonne, par la droite ou par la gauche, en avant ou en arriere du front, l'Officier fupérieur commandant chaque régiment pourra, lorfque la ligne aura été rompue & lorfque le terrein fera libre, diriger la tête de fon régiment diagonalement, pour aller par le chemin le plus court prendre rang dans la colonne, dont ce régiment devra faire partie ; mais chaque fubdivifion de ce régiment ira cependant tourner fur le même terrein où aura tourné la fubdivifion de la tête de ce régiment.

## ARTICLE 18.

*Rompre par la droite pour marcher vers la
gauche, ou rompre par la gauche pour
marcher vers la droite.*

Le Commandant en chef se portera ou
enverra ses ordres à l'aile droite ou à l'aile
gauche, pour faire commencer le mouvement.

Si c'est par l'aile droite, le Commandant
de la subdivision par laquelle on devra se rompre, commandera, *Garde à vous=marche* ;
il la conduira ensuite sur le terrein où elle
devra tourner.

Le Chef de chacune des autres subdivisions de la ligne fera exécuter successivement
à sa subdivision ce qui vient d'être prescrit
pour la premiere, & commandera *marche*
assez à temps pour arriver avec sa subdivision
au point où elle devra tourner, à l'instant
où la subdivision qui devra précéder la sienne
dans la colonne, aura dépassé ce terrein d'un
nombre de pas égal à l'étendue de son front.

Si une colonne rencontroit un obstacle qui
l'obligeât de diminuer le front de ses subdivisions, elle se conformeroit à ce qui est prescrit pour le même cas *au Titre XI, article 5,*
de la marche en bataille.

## ARTICLE 19.

### *Reployer une ligne en colonne de pied ferme.*

On commandera :

*Garde à vous.*

1. *En arriere fur le premier* ( ou tel) *efcadron , formez la colonne.*

2. *Marche.*

Chaque efcadron , excepté le premier , fera à droite par fection ; la fection de la tête de chaque efcadron fera en outre un demi à droite , plus ou moins, pour fe porter, fuivie de trois autres, par le chemin le plus court fur le terrein que l'efcadron doit occuper dans la colonne derriere le premier, où étant arrivées elles feront face en tête par un à gauche, & s'aligneront auffi-tôt ; fi l'on doit fe reployer fur l'un des efcadrons du centre, ceux de droite fe placeront devant, & ceux de gauche fe placeront derriere lui.

Cette manœuvre pourra également s'exécuter par files.

## ARTICLE 20.

### *Du paffage d'un défilé en avant.*

LORSQU'UN régiment, une brigade, &c. aura un défilé à paffer, le Commandant le fera former en bataille, vis-à-vis du défilé ; & comme ce défilé peut être de plufieurs efpéces ; une gorge de montagne efcarpée, un chemin dans un bois, &c. le Commandant fera paffer fon avant-garde, pour être inftruit de ce qui pourroit se trouver de l'autre côté du défilé ; & dès qu'il jugera à propos de le passer, il fera rompre le régiment par la droite ou par la gauche ; mais si ce défilé se trouve vers le centre, il fera passer l'escadron qui en sera le plus à portée, & alternativement ceux de droite & de gauche.

Lorsqu'une ligne composée de plusieurs régimens devra passer un défilé, le régiment qui en sera le plus à portée passera de même le premier, & alternativement ceux de droite & de gauche, pour se reformer dans le même ordre au-delà du défilé.

Si le défilé ne pouvoit contenir une section de front, on feroit marcher par quatre, &c. de même que s'il étoit plus large, on passeroit par pelotons.

Les rangs seront toujours très-serrés en passant un défilé. Il le passeront lestement s'il est d'une petite étendue, & s'avanceront au trot pour former tout de suite le régiment en bataille.

Dès que la derniere subdivision de la colonne entrera dans le défilé, l'arriere-garde se disposera à le passer.

## A R T I C L E  2 I.
### *Du passage d'un défilé en arriere.*

QUAND un régiment, une brigade, &c. sera obligé de faire des mouvemens rétrogrades, & qu'il aura un défilé à passer, s'il y a-

tive en bataille, il continuera de marcher jufqu'à foixante pas environ du défilé, de maniere qu'il fe trouve vers le centre, obfervant
de faire ferrer les efcadrons en muraille; &
après avoir fait *halte*, on fera face en tête par
un demi-tour à droite par efcadrons, pelotons
ou fections.

Pour conferver l'ordre naturel des efcadrons
& éviter une demi-converfion par tout leur
front, on pourra la faire exécuter par pelotons; au commandement *peloton, face en arriere*, le peloton de la droite fe portera en
avant à la diftance au moins de tout fon front;
au mot *marche*, le fecond peloton qui n'aura
pas bougé, fera demi-tour à droite, tandis
que le premier fera demi-tour à gauche, &
fe portera enfuite en avant à hauteur du fecond.

La Troupe qui faifoit l'avant-garde fera
deftinée à faire l'arriere-garde, & celle qui
faifoit l'arriere-garde fera deftinée à faire l'a-
vant-garde.

Le Commandant fera enfuite paffer le défilé
par les efcadrons des ailes, qui fe rompront
alternativement de droite & de gauche; ou fi
la ligne étoit compofée de plufieurs régimens,
par les régimens des ailes, & celui qui fe trouvera vis-à-vis le défilé, paffera le dernier.

Dans le cas où le défilé fe trouveroit derriere
l'aile droite ou gauche, les Troupes de l'aile
oppofée pafferoient les premieres.

Si les circonſtances exigeoient de former le régiment en bataille, faiſant face au défilé après l'avoir paſſé par les ailes, le premier eſcadron en arrivant ſur l'alignement où l'on devroit ſe former, longeroit vers la gauche, & feroit enſuite face au défilé par un à gauche par ſubdiviſion, le cinquiéme eſcadron en feroit de même par la droite, & ſucceſſivement le ſecond & quatriéme exécuteroient la même manœuvre ; le troiſiéme eſcadron ſe formera en avant ſur le terrein qu'il devra occuper, pour enſuite faire face en tête par un demi-tour à droite par ſubdiviſion.

Si au lieu d'arriver en bataille près du défilé qu'on aura à paſſer, on y arrive en colonne, le Commandant fera former le régiment avant de le paſſer, ou continuera ſa marche ſuivant les circonſtances ; & dans ce dernier cas, il déſignera un ou deux eſcadrons qui feront l'arriere-garde, & qui ſe formeront en colonne, faiſant face du côté oppoſé à la marche.

Le Commandant fera entrer auſſi-tôt la colonne dans le défilé ; elle le paſſera le plus légérement poſſible, & ſe remettra en bataille de l'autre côté, faiſant face au défilé.

La premiere Troupe de l'arriere-garde ſe rapprochera du défilé en ſe retirant par les ſections des ailes, & ſe remettra en colonne derriere la ſeconde, & ſucceſſivement la ſeconde derriere la premiere ; ſi en ſe rapprochant du défilé , cette arriere-garde se trouvoit pressée par l'ennemi, la premiere Troupe feroit feu de son premier rang avec le pistolet, le sabre pendu au poignet, & se retireroit ensuite par les ailes par file , pour se reformer derriere la seconde ; le second rang en feroit de même après avoir été démasqué par le premier ; ce qui s'exécuteroit successivement par ces deux Troupes , qui passeront ensuite le défilé légérement, mais avec ordre.

## ARTICLE 22.
### *Du ralliement.*

POUR apprendre aux Cavaliers à se rallier & à se reformer promptement, toutes les fois que les circonstances peuvent l'exiger à la guerre, on les enverra quelquefois en fourrageurs, en observant de ne faire jamais ce simulacre immédiatement après celui de la charge. Lorsqu'on jugera à propos de le commencer, on fera sonner le *boute-charge* , auquel signal tous les Cavaliers se disperseront en fourrageurs ; mais le Commandant, les autres Officiers supérieurs , les Etendards & l'Adjudant, ainsi que les Trompettes qui ne s'abandonneront pas avec le reste de la Troupe, iront se placer à la droite , à la gauche ou en arriere du terrein d'où sera parti l'escadron , afin d'accoutumer les Cavaliers à rechercher leurs étendards & à s'y rallier.

Lorsqu'on voudra ensuite rallier le régiment, on ordonnera aux Trompettes de fonner le *ralliement* ; à ce fignal les Cavaliers fe rallieront promptement à leurs étendards, en reprenant le plus diligemment qu'il fera poffible leur rang par fection ou par peloton, fans trop rechercher leur file.

ARTICLE 23.

### *Manœuvre de retraite.*

On fera marcher environ vingt-cinq pas en avant les efcadrons pairs de la ligne pour en former une premiere qui ferrera les intervalles fur le centre en marchant, & obfervera un ordre de bataille tant plein que vuide ; ce qui étant exécuté, les efcadrons qui n'auront pas bougé feront demi-tour à droite par fection, ou par Cavalier, & fe porteront au trot jufqu'à cent pas en arriere de la premiere ligne, où ils fe remettront face en tête par un fecond demi-tour à droite, fe plaçant vis-à-vis les intervalles de la premiere ligne ou vis-à-vis les efcadrons, fuivant les circonftances.

Dès que cette feconde ligne fera formée, la premiere fera les mêmes mouvemens par fections, &c. & marchera au trot pour paffer dans les intervalles de la feconde ligne ; lorfque la premiere ligne fera prête d'arriver dans les intervalles de la feconde, celle-ci fe portera quelques pas en avant, & fera *halte* jufqu'à ce que la premiere ligne fe foit reformée à cent pas environ derriere elle ; alors elle fera demi-tour

tour à droite pour fe retirer dans le même ordre derriere la premiere ligne.

Lorfque l'ordre de bataille fera primitivement fur deux lignes, la premiere fe retirera, & fucceffivement la feconde, ainfi qu'il vient d'être expliqué; ce qui fe répétera autant de fois que les circonftances l'exigeront.

On détachera, s'il eft néceffaire, quelques fections qui fe porteront en avant & fur les flancs pour contenir les ennemis, faire avec eux le coup de piftolet & favorifer la retraite.

Cette difpofition n'exclut point celle de fe retirer par l'une des ailes, en fe formant obliquement en arriere par échelons, fuivant que les circonftances pourroient la rendre plus avantageufe.

Dans le cas où une Troupe fe retireroit après avoir chargé, & fe feroit mife dans une efpéce de défordre, prefque inévitable après le combat, on fe fervira par préférence du demi-tour à droite par Cavalier.

Telles font les manœuvres auxquelles veut Sa Majefté que fes Troupes à cheval foient exercées : mais Elle défend en même temps que, toutes les fois qu'un régiment s'exercera en entier, on s'occupe d'aucun objet de détail ; le point effentiel étant d'apprendre à fe former promptement en bataille, à bien marcher en ligne & en colonne, à exécuter fouvent le fimulacre des charges comme l'objet le plus important & pour lequel on doit acquérir la plus grande impulsion, & enfin à se rallier très-promptement dans le besoin.

---

# TITRE XV.
## *Des jours d'exercice.*

L'Intention de Sa Majesté est que tout régiment, tout Officier, bas Officier, Cavalier, Hussard & Dragon, lorsqu'il sera instruit, ne soit exercé que pendant deux mois au printemps & pendant un mois dans l'automne ; Elle ordonne aux Chefs des corps de se conformer à cette regle.

Les Officiers, bas Officiers, Cavaliers, Hussards & Dragons qui ne seront pas instruits, en seront exceptés.

Si l'instruction d'un régiment étoit retardée, il seroit exercé plus long-temps, & il en seroit rendu compte à l'Officier général, commandant la division, qui en informeroit le Secrétaire d'Etat de la guerre.

Pendant le surplus de l'année, on promenera les chevaux trois fois par semaine, excepté dans les mois de Novembre, Décembre, Janvier & Février qu'on ne les promenera que deux fois, hors des garnisons & quartiers, avec armes ou sans armes, soit par escadron ou régiment.

Quand on sera armé, tous les Officiers seront à leur compagnie, ainsi que les Officiers

fupérieurs; & lorfque cette promenade fe fera
fans armes, il y aura feulement un Officier
par compagnie, & un Capitaine pour tout le
régiment. Les hommes feront en bonnets &
fatraux, les chevaux n'auront qu'une couver-
ture & un bridon d'écurie: Ils feront tous montés, ne devant point y en avoir en main.

L'Officier de chaque compagnie marchera
fur le flanc pour veiller à ce que les Cavaliers,
Huffards & Dragons ne tracaffent point leur
chevaux & marchent à leur diftance pour éviter
les atteintes.

Lorfque le temps ne permettra pas de manœuvrer ou de fe promener, ainfi qu'il vient
d'être prefcrit on y fuppléera en faifant tra-
vailler dans les manéges couverts, les différens pelotons ou efcadrons commandés par
leurs Officiers & bas Officiers; obfervant de
laiffer au moins un jour de repos entre chaque
jour d'exercice général ou particulier.

# TITRE XVI.

*Compofition & formation des Trou-*
*pes deftinées à aller en*
*détachement.*

LES Troupes deftinées à aller en détachement devant être plus ou moins fortes, felon
les circonftances, feront compofées, foit de

cent maîtres, soit de cinquante, soit de trente-quatre ou de vingt-quatre.

On commandera pour les Troupes de cent maîtres, un Chef d'escadron, un Lieutenant, deux Sous-lieutenans, deux Maréchaux-des-logis, six Brigadiers, quatre-vingt-dix Cavaliers & deux Trompettes.

Pour les Troupes de cinquante maîtres, un Capitaine en second, un Lieutenant, un Sous-lieutenant, un Maréchal-des-logis, quatre Brigadiers, quarante-quatre Cavaliers & un Trompette.

Pour une Troupe de trente-quatre maîtres, un Lieutenant, un Maréchal-des-logis, quatre Brigadiers, vingt-huit Cavaliers & un Trompette.

Pour une Troupe de vingt-quatre maîtres, un Sous-lieutenant, un Maréchal-des-logis, deux Brigadiers & vingt-deux Cavaliers.

On aura attention que dans chaque détachement il se trouve toujours un Maréchal-ferrant faisant nombre, & un Frater.

Une Troupe de cent chevaux formera deux pelotons & quatre sections ; le Commandant sera placé devant le centre, le Lieutenant en serre-file derriere le centre, les deux Sous-lieutenans sur les ailes à hauteur, & joints au premier rang. Le premier Maréchal-des-logis en serre-file derriere le centre du premier peloton, le deuxiéme en serre-file derriere le centre du second, les Brigadiers sur les ailes des pelo-

tons au premier rang ; la droite de la seconde
section & la gauche de la troisiéme n'ayant
point de Brigadiers.

En rompant par pelotons, les Officiers & bas
Officiers resteront à leur place de bataille , &
marcheront ainsi qu'il est prescrit dans la *marche en colonne par peloton.*

En rompant par section, &c. les Officiers
marcheront aux mêmes places, le premier Maréchal-des-logis derriere la seconde section , & le
deuxiéme en serre-file derriere la quatriéme.

Un détachement de cinquante maîtres formera un peloton & deux sections, le Capitaine
en second devant le centre , le Lieutenant à
la droite, le Sous-lieutenant à la gauche ,
joint au premier rang , & le Maréchal-des-logis
en serre-file derriere le centre ; les Brigadiers
seront placés aux droite & gauche des
sections.

En rompant par sections, les Officiers marcheront comme ci-dessus , le Maréchal-des-
logis derriere la premiere section, le Sous-lieutenant marchant en serre-fille derriere la seconde section.

Les Troupes de trente-quatre & vingt-quatre
maîtres seront divisées en deux parties ; l'Officier marchera dans tous les cas à la tête, &
le Maréchal-des-logis en serre-file.

Lorsqu'il sera question de détacher une
avant-garde d'un détachement de Chef d'escadron , le Lieutenant marchera en avant

avec la premiere section, ayant pour serre-file le premier Maréchal-des-logis ; le Sous-lieutenant qui étoit à l'aile droite de cette section, viendra se placer à la droite de la seconde.

Pour un détachement de Capitaine en second, le Lieutenant marchera en avant avec la premiere demi-section, ayant le Maréchal-des-logis en serre-file ; les avant-gardes se tiendront à cent pas environ de la Troupe, & auront devant elles & sur les flancs les Cavaliers nécessaires pour éclairer la marche, ayant le mousqueton haut.

Ces avant-gardes seront suivies de près pendant la nuit par la Troupe. Dans tous les cas elles ne rejoindront leur Troupe, que lorsqu'elles en auront reçu l'ordre du Commandant.

Lorsqu'il sera question de détacher une arriere-garde d'un détachement de Chef d'escadron, en même temps qu'une avant-garde, la quatriéme section commandée par le premier-Sous-lieutenant, ayant le second Maréchal-des-logis en serre-file, restera à cent pas environ derriere la Troupe ; alors le second Sous-lieutenant se placera à la droite de la seconde section.

Pour ce même cas, dans les détachemens de Capitaine en second, la quatriéme demi-section commandée par le Sous-lieutenant, qui placera son Brigadier en serre-file, se tiendra aussi à cent pas environ derriere la Troupe ; mais s'il ne doit y avoir qu'une avant-garde

ou une arriere-garde, le plus ancien Officier
ou bas Officier la commandera.

Les arriere-gardes, se feront suivre à trente
pas environ derriere elles, par un nombre
de Cavaliers suffisant, aux ordres du Brigadier pour être instruites de ce qui se passeroit.

Si les détachemens ci-dessus doivent être
placés en grande garde, le Commandant de
la Troupe ira placer lui-même le petit corps-
de-garde, composé du quart de la Troupe,
& posera des vedettes pour entourer non-seu-
lement ce corps-de-garde, mais encore la
Troupe; & il les disposera de maniere qu'elles
puissent tout découvrir sans être vues.

Quant à la Troupe, il l'établira dans quelques fonds ou endroits couverts, ayant attention qu'elle n'ait pas près d'elle sur les der-
rieres, ni ravins ni défilés, & qu'elle ne soit
pas trop près d'un bois, ou de quelques autres
obstacles qui favoriseroient l'approche de l'ennemi, sans en être instruite. Le petit corps-
de-garde sera relevé toutes les deux heures
alternativement par un autre quart de la
Troupe, aux ordres d'un Officier ou bas Officier.

Lorsqu'une Troupe sera obligée de se retirer, le Commandant fera faire une demi-conversion au demi-rang de la gauche de la Troupe; en même-teps il fera marcher quelques
pas en avant le demi-rang de la droite,
pour soutenir l'autre pendant qu'il fera son

mouvement, & qu'il se portera au trot à cent
pas en arriere, où il se remettra face en tête
par une seconde demi-conversion à gauche ;
après quoi le premier demi-rang, faisant les mêmes mouvemens par la droite, se repliera au
trot pour aller joindre le second demi-rang.

Il pourra faire faire ensuite demi-tour à
droite au premier demi-rang, pendant qu'il
marchera lui-même quelques pas en avant
avec le second qui se repliera ensuite par la
gauche, ces deux demi-rangs faisant face
alternativement.

L'objet d'une garde ordinaire étant d'avertir & point de combattre, le Commandant doit
s'occuper de bien faire éclairer en avant de
lui & sur ses flancs, & lorsque l'ennemi arrive sur lui, de calculer le terrein qu'il a à
parcourir, pour en être chargé, & celui qu'il
a à traverser pour se replier sur le camp ou le
poste destiné à le soutenir, afin d'assurer sa
retraite ; & si par quelques circonstances im-
prévues l'ennemi l'entouroit, il n'auroit d'autre parti à prendre que de passer sur le corps
des Troupes qui l'auroient coupé.

# TITRE XVII.

*Revues d'Honneur , d'Inspection &*
*de Commissaires des Guerres.*

### ARTICLE PREMIER.

#### *Revues d'Honneur.*

TOUTE Troupe qui sera de pied ferme
aura la tête à droite , à moins que la personne
qui devra la voir vienne de la gauche ; auquel
cas on lui fera le commandement *tête à gau-*
*che.*

Lorsque la personne qu'on devra recevoir,
se sera approchée pour parcourir le front du
régiment , si elle doit être saluée, les Trompettes sonneront , les Cavaliers auront le
sabre à la main, les Officiers supérieurs salueront du sabre , & les Porte-étendards , de
l'étendard , à mesure que la personne passera
devant eux.

Si la personne qu'on devra recevoir veut
passer dans les rangs, elle en donnera l'ordre,
chaque régiment ouvrira les rangs , les Officiers & bas Officiers gardant leurs places de
bataille.

### ARTICLE 2.

#### *Maniere de défiler pour les Revues*
#### *d'Honneur.*

Le régiment défilera ainsi qu'il prescrit à

la *marche en colonne* à l'exception que l'Adjudant marchera en avant des Trompettes, & le Major deux pas en avant des Officiers de la compagnie des Chevaux-légers ; que le Meſtre-de-camp-commandant marchera à la tête de la compagnie Meſtre-de-camp , deux pas en avant des Officiers , ayant le Meſtre-de-camp en ſecond à ſa gauche ; que le Lieutenant-colonel marchera à la tête de ſa compagnie auſſi deux pas en avant des Officiers ; & que les Capitaines-commandans marcheront à la tête du premier peloton de leur eſcadron à la droite du Lieutenant , & ſecond Capitaine à la tête du ſecond peloton , ayant le Lieutenant en ſecond à ſa gauche.

### A R T I C L E  3.
### *Revues d'Inſpection & de Commiſſaires des Guerres.*

Le jour de ces revues , les compagnies ſe formeront dans leur quartier par rang d'ancienneté, les Cavaliers les plus anciens au premier rang , &c.

Les régimens étant arrivés ſur leur terrein & formés en bataille, ſe rompront par compagnie ; le Commiſſaire fera l'appel de chaque compagnie, commençant par celle qui ſera en tête , les rangs reſtans ſerrés.

Les livrets de revue ſeront faits dans le même ordre.

# TITRE XVIII.
# HUSSARDS.

LEs régimens de Hussards exécuteront toutes les manœuvres prescrites pour la Cavalerie, & avec toute la légereté dont ils sont susceptibles.

Ils se conformeront de même à ce qui est prescrit à la Cavalerie pour les mouvemens du mousqueton, excepté que l'ayant accroché, ils le laisseront tomber toutes les fois que la Cavalerie le passera à la grenadiere ou le remettra en son lieu, & que pour tirer la baguette, au lieu de la saisir près du bout du canon, on la saisira près de la capucine.

Pour se reposer sur les armes, ( au lieu de la main à l'anneau de la grenadiere ) ils saisiront le mousqueton de la main droite au-dessus & contre la capucine ; & pour reporter l'arme, ils laisseront couler la main jusqu'au porte-mousqueton.

Pour faire haut les armes à cheval, au premier temps, ils saisiront le mousqueton à la poignée pour le placer à côté de la botte, & pour remettre l'arme en son lieu, ils porteront l'arme un peu à droite, baisseront le bout du mousqueton pour le laisser tomber le long de la cuisse droite, la crosse en haut, replaçant la main droite sur le côté.

Pour prendre les piftolets, ils placeront la peau de la felle fous les cuifles, & les recouvriront après les avoir remis.

Pour monter à cheval & mettre pied à terre, ils mettront le moufqueton fur l'épaule droite, la croffe en bas pour ce moment.

Ils fe conformeront également à l'inftruction à cheval autant que leur équipement le permetra.

Ils fuivront d'ailleurs, tant pour la taille de leurs chevaux que pour leur armement & équipement, les articles du réglement qui les concerne.

# TITRE XIX.
# DRAGONS.
## ARTICLE PREMIER.

LEs Officiers feront armés ainfi que ceux de Cavalerie, foit à pied foit à cheval, à l'exception qu'ils n'auront ni cuiraffes ni plaftrons.

Ils feront montés fur des chevaux d'efcadron, de la taille de quatre pieds huit pouces fous potence, & de tournure convenable.

Les Maréchaux-des-logis, Fourriers & Trompettes feront armés, à pied ou à cheval, comme ceux de la Cavalerie, excepté qu'ils n'auront point de plaftrons.

Les Brigadiers, Dragons & Chaffeurs feront armés d'un fufil, d'une baïonnete, d'un fabre , & auront en outre , à cheval , une paire de piftolets.

Chaque compagnie fera pourvue de la quantité d'outils néceffaires , lefquels garnis de leurs étuis feront portés par les Dragons , & contenus par les courroies de la charge.

L'inftruction des recrues , tant à pied qu'à cheval , fera la même que celle prefcrite pour la Cavalerie.

### Port d'armes.

Comme la Cavalerie.

### De la charge des armes à pied.

## PREMIER COMMANDEMENT.

### Chargez vos armes.

Comme la Cavalerie , excepté qu'au fecond temps, la main gauche fe placera à la capucine.

2. *Ouvrez le baffinet.*

3. *Prenez la cartouche.*

4. *Déchirez la cartouche.*

5. *Amorcez.*

6. *L'arme à gauche.*

Comme la Cavalerie , excepté qu'au premier temps , la main gauche coulera jufqu'à l'anneau de la grenadiere , & qu'au fecond on pofera la croffe à terre fans frapper , la main gauche appuyée fur le dernier bouton de la vefte.

7. *Cartouche dans le canon.*

8. *Tirez la baguette.*

9. *Bourrez.*

On chaſſera la baguette avec force dans le canon, on la reſaiſira par le petit bout pour donner
encore deux coups;

10. *Portez vos armes.*

Tous les commandemens qui n'ont point d'ex-
plication, s'exécuteront comme il eſt expliqué pour
la Cavalerie.

# COMMANDEMENS POUR LE FEU.

## 1. *Apprêtez vos armes.*
Comme la Cavalerie.

## 2. *En joue.*

Comme la Cavalerie, excepté que la main gauche gliſſera juſqu'à la premiere capucine.

## 3. *Feu.*

Comme la Cavalerie, la main gauche reſtant à
la capucine.

## 4. *Chien en repos.*
Comme la Cavalerie.

Lorſque les Dragons feront feu à pied, ils exécuteront toujours le feu par file. A l'avertiſſement
du Commandant *feu de file*, les Chefs d'eſcadron
paſſeront à la droite de leur eſcadron.

Au commandement *armes*, les Dragons feront
haut les armes, & à celui *commencez le feu*, la
file droite de chaque eſcadron commencera à tirer,
& ſucceſſivement juſqu'à la gauche; ce feu une fois
établi, les Dragons de chaque file chargeront promptement, tireront ſans s'attendre & ſans ſe régler les
uns ſur les autres, l'eſſentiel de ce feu étant qu'il ſoit
vif & bien ajuſté.

On fera ceſſer le feu, au ſignal des Trompettes
qui ſonneront *des appels*; alors les Officiers & bas
Officiers s'emploieront avec la plus grande activité
à faire ceſſer le feu.

Les Dragons feront aussi exercés à tirer à la ſble.

## MOUVEMENS PARTICULIERS.

1. *Preſentez vos armes.*

2. *Portez vos armes.*

3. *Repoſez-vous ſur vos armes.*

Comme la Cavalerie, excepté qu'on ſaiſira l'arme à la premiere capucine, & qu'en portant la croſſe à terre, la main droite coulera juſqu'à l'anneau de la grenadiere.

4. *Portez vos armes.*

5. *L'arme au bras.*

6. *L'arme ſous le bras gauche.*

Tous les commandemens qui n'ont point d'explication, comme la Cavalerie.

## ARTICLE 2.

### *Inſpection à pied.*

COMME la Cavalerie, excepté qu'on fera à droite ſur le talon gauche, en portant le pied droit ſur la droite, & à ſix pouces du gauche, les talons ſur la même ligne, ſaiſir l'arme de la main gauche, à hauteur du dernier bouton de la veſte, incliner le bout du canon en arriere le talon de la croſſe ne bougeant point, la baguette tournée vers le corps, ſaiſir la baïonnette par la douille & la branche, en éloignant l'arme du corps, la ſortir du fourreau & la mettre au bout du canon: Saiſir auſſi-tôt la baguette, pour la tirer, comme il eſt expliqué à la *charge*; la laiſſer gliſſer dans le canon, & faire face en tête auſſi-tôt pour reprendre la même poſition, obſervant de lever la baguette de la main gauche, à meſure que l'Officier paſſera.

L'inſpection faite, le Dragon remettra auſſi-tôt

la baguette & la baïonnette par les mêmes mouvemens, & fera face en tête.

Si on ne veut faire mettre que la baguette ou la
baïonnette au canon, on en fera le commandement.

Les régimens de Dragons se conformeront, tant
à pied qu'à cheval, pour l'escorte des guidons, à ce
qui est prescrit pour la Cavalerie.

## ARTICLE 3.

### De l'inspection à cheval.

Au commandement, *Inspection des armes*,
les Dragons feront *haut les armes* en deux
temps.

PREMIER. Passer le bras droit par-dessous le canon;
déboucler la courroie du porte-canon, & saisir ensuite avec la main droite le fusil au-dessous & contre la capucine, le pousser en avant, & le tenir perpendiculaire sur le porte-crosse.

SECOND. Elever le fusil pour porter la crosse
sur la cuisse, le bout haut & en avant au-dessus de
l'oreille droite du cheval, le pouce sur le canon,
la sous-garde en avant.

Ils passeront l'arme à gauche en deux temps.

PREMIER. Passer la crosse à gauche entre les
rênes & le corps, la platine en-dessus, coulant la
main gauche jusqu'à l'anneau de la grenadière, sans
quitter les rênes.

SECOND. Placer la crosse vers la pointe de l'é-
paule du cheval, saisir de la main droite le fusil à un
doigt du bout du canon, & dégager la baguette,
la tirer & la mettre dans le canon, plaçant ensuite
la main droite au bout du canon.

L'inspection faite, le Dragon remettra aussi-tôt
la baguette & le fusil en son lieu.

L'inspection des pistolets & du sabre, comme la
Cavalerie.

Lorsqu'on

Lorſqu'on voudra faire charger les armes, on fera les commandemens ci-après :

1. *Chargez vos armes.*

*Trois temps.*

Les deux premiers , comme à l'inſpection à cheval.

TROISIÈME. Comme la Cavalerie , faiſiſſant le fuſil de la main gauche à la capucine.

1. *Ouvrez le baſſinet.*

3. *Prenez la cartouche.*

4. *Déchirez la cartouche.*

5. *Amorcez.*

6. *L'arme à gauche.*

Comme à l'inſpection à cheval.

7. *La cartouche dans le canon.*

8. *Tirez la baguette.*

9. *Bourrez.*

Comme il eſt expliqué à pied.

10. *Haut les armes.*

*Deux temps* , dans la valeur d'un ſeul.

PREMIER. Elever le fuſil de la main gauche, portant la main droite à la capucine.

SECOND. Le quitter de la main gauche , en le portant un peu en avant , élever le fuſil de la main droite , paſſant la croſſe entre les rênes & le corps , pour la porter ſur la cuiſſe , le bout haut & en avant au-deſſus de l'oreille droite du cheval , le pouce ſur le canon , la ſous-garde en avant.

11. *L'arme en ſon lieu.*

K

Mettre la croſſe du fuſil dans le porte-croſſe, le contenant par la grenadiere avec la main gauche ſans quitter les rênes ; & ſoutenant le fuſil ſur le bras droit, prendre de la main droite la courroie du porte-canon qu'on bouclera pour y engager le fuſil & la grenadiere, après quoi on repaſſera le bras droit par-deſſus le fuſil.

## 12. *Chargeʒ le piſtolet.*

Tous les commandemens où il n'y a point d'explication s'exécuteront comme la Cavalerie.

# COMMANDEMENS POUR LES FEUX.

## 1. *Haut les armes.*

Comme au dixiéme commandement de l'inſpection à cheval.

## 2. *Apprêteʒ vos armes.*

Baiſſer le fuſil ſur la main gauche qui le ſaiſira ( ſans quitter les rênes ) vers la capucine, couler en même temps la main droite au chien pour armer le fuſil, après quoi on le placera à la poignée, obſervant que la croſſe reſte toujours appuyée ſur la cuiſſe.

## 3. *En joue.*
## 4. *Feu.*
## 5. *Haut les armes.*

Saiſir de la main droite le fuſil à la capucine pour l'élever, & le placer dans la poſition de *haut les armes.*

## 6. *Armes à la grenadiere.*

*Deux temps*, dans la valeur d'un ſeul.

PREMIER. Tenant le fuſil à la capucine, l'élever en travers au-deſſus de la tête, la platine en-deſſus & le bout un peu haut, paſſer tout de ſuite la tête

& le bras droit entre la grenadiere &le fufil qu'on laiffera tomber à droite, la main droite fe plaçant fur la croffe.

SECOND. Pouffer la croffe en arriere, & replacer la main fur la cuiffe.

7. *Piſtolet à la main.*

8. *Apprêtez le piſtolet.*

9. *En joue.*

10. *Feu.*

11. *Ajuſtez vos rênes.*

12. *Sabre à la main.*

13. *Haut le ſabre.*

14. *Portez le ſabre.*

15. *Remettez le ſabre.*

16. *Haut les armes.*

*Deux temps*, dans la valeur d'un feul.

PREMIER. Porter la main droite fur la croffe ; l'attirer en avant pour paffer tout de fuite le bras droit entre le corps & le fufil qu'on faifira par-deffous à la capucine.

SECOND. Le paffer en travers par-deffus la tête & porter la croffe fur la cuiffe, le bout du fufil haut & en avant.

17. *L'arme en ſon lieu.*

Comme à l'infpection.

18. *Ajuſtez vos rênes.*

Tous les commandemens qui n'ont point d'ex-plication, s'exécuteront comme il eft prefcrit pour la Cavalerie.

K 2

## ARTICLE 4.

*Mettre pied à terre pour combattre.*

LORSQU'UN régiment de Dragons fera dans le cas de mettre pied à terre pour attaquer un poſte, défendre un défilé, &c. le Commandant détachera une Troupe ſuffiſante commandée par un Officier pour la garde des chevaux ; il fera enſuite ſerrer les eſcadrons ſur le centre du régiment en muraille ; après quoi il fera cet avertiſſement :

*Garde à vous pour combattre à pied.*

A cet avertiſſement, les Dragons qui devront mettre pied à terre paſſeront leur ſabre en bandouliere, & mettront enſuite le fuſil à la grenadiere ; après quoi le Commandant fera les commandemens ſuivans :

1. *Préparez-vous pour mettre pied à terre.*

A ce commandement, les deux Dragons du centre de chaque ſection reſteront à cheval, & tous les autres mettront pied à terre, ainſi qu'il eſt preſcrit aux manœuvres de détail.

2. *Reprenez vos rangs.*

Tous les Dragons reprendront leurs rangs & attacheront leurs chevaux par les rênes de la bride au montant de la têtiere du cheval qui ſera vers le centre de la ſection, faiſant le nœud de façon que la bride embraſſe la muſerolle & le montant de la têtiere, le bout des rênes paſſé dans la boucle du nœud, & le cheval attaché à un pied de longueur environ.

Les Dragons du centre de chaque ſection qui ſeront reſtés à cheval, prendront les rênes du cheval de leur voifin qui aura mis pied à terre ; celui de la droite conduira les chevaux de la droite , & celui de la gauche conduira ceux de la gauche ; ils croiferont leurs rênes dans la main dont ils méneront leurs chevaux , & prendront de la même main le bout des rênes du cheval de main , les foutenant de l'autre main près du mors , les ongles en deffus.

Les Dragons ayant attaché leurs chevaux, fe porteront à un pas en avant du rang , tournant le dos à leurs chevaux ; ils ôteront le fufil de la grenadiere & porteront leurs armes.

### 3. *Dragons ═ en bataille.*

Les Dragons du premier rang marcheront en avant pour fe former fur le terrein qui leur fera indiqué , & ceux du fecond rang paffant par les ailes de leurs efcadrons iront fe former derriere eux ; favoir , ceux du peloton de la droite de chaque efcadron en défilant par la droite , & ceux du peloton de la gauche en défilant par la gauche.

Le régiment étant formé , les Officiers & Maréchaux-de-logis prendront les places qui leur font indiquées à la formation.

Le régiment étant prêt à marcher, le Commandant fera mettre la baïonnette au bout du canon s'il le juge à propos, & fera exécuter les manœvres néceffaires fuivant les circonftances.

Lorfque le Commandant voudra faire remonter à cheval, il fera faire *demi-tour à droite* , & la Troupe étant arrivée à quinze pas environ des chevaux , il commandera :

### *Dragons ═ à cheval.*

A ce commandement, le fecond rang qui fera alors le premier , ira rejoindre fes chevaux par le côté de l'efcadron où il fera venu fe mettre en bataille ; & le premier rang qui fera le fecond, continuera de marcher devant lui., tous les Dragons remettant la baïonnette & paſſant le fuſil à la grenadiere en marchant. Lorſqu'ils feront. arrivés à leurs chevaux , ils les détacheront ; l es nombres pairs reculeront de la longueur d'un cheval ; ils paſſeront les rênes ſur le cou , monteront à cheval & reprendront leur rang ; ce qui étant exécuté , on fera reprendre les intervalles aux eſcadrons.

Le Commandant fera enſuite les commandemens néceſſaires pour remettre le fuſil en ſon lieu, & le ſabre à la ceinture.

Si un régiment étoit obligé de ſe battre en retraite en rejoignant ſes chevaux , il feroit protégé par la Troupe qui feroit reſtée à cheval , laquelle avanceroit pour charger les ennemis ; le Commandant détacheroit, s'il le jugeoit néceſſaire, un eſcadron ou deux pour aller légerement rejoindre ſes chevaux , & revenir enſuite ſecourir le reſte du régiment.

Lorſqu'un régiment ou un corps de Dragons à cheval ſe trouvera obligé de faire des mouvemens rétrogrades , & qu'il aura un pont, un bois ou autre défilé à paſſer, le Commandant détachera d'avance un nombre ſuffiſant de Dragons pour aller légérement mettre pied à terre & s'emparer du défilé ; dans ce cas, ſur trois Dragons il en reſtera un à cheval, pour mener en main & ſauver au-delà du défilé les chevaux des Dragons qui auront mis pied à terre.

L'intention de Sa Majeſté eſt que toutes ſes Troupes à cheval , tant françoiſes qu'étrangeres, ſe conforment avec la plus grande exactitude , à tout ce qui eſt preſcrit par la préſente Ordonnance : Défendant aux Officiers généraux , aux Commandans des Places & aux Commandans des Corps , de ſouffrir

qu'il y foit rien changé , augmenté , ni re-
tranché en quelque maniere & fous quelque
prétexte que ce foit ; & aux Officiers qui
commanderont les exercices , de faire exécuter d'autres temps ni mouvemens que ceux
qui y font prefcrits.

MANDANT Sa Majefté au fieur Marquis
de Béthune , Colonel général , & au fieur
Marquis de Caftries , Meftre-de-camp général de la Cavalerie ; au fieur Duc de Coigny ,
Colonel général , & au fieur Duc de Luynes ,
Meftre-de-camp général des Dragons , de tenir la main à l'exécution de la préfente Ordonnance.

MANDE & ordonne Sa Majefté aux Officiers généraux ayant commandement fur fes
Troupes , aux Gouverneurs & Lieutenans
généraux en fes provinces, aux Gouverneurs
& Commandans de fes villes & places, & à
tous autres fes Officiers qu'il appartiendra ,
de tenir la main à l'exécution de la préfente
Ordonnance. FAIT à Verfailles le premier
Mai mil fept cent foixante-dix-fept.

Signé , LOUIS.

*Et plus bas ,* SAINT-GERMAIN.

# ARMAND, MARQUIS DE BÉTHUNE, *Chevalier des Ordres du Roi, Lieutenant-général de ses Armées, Colonel-général de la Cavalerie de France.*

VU l'Ordonnance du Roi du premier Mai 1777, par laquelle Sa Majesté explique ses intentions pour régler l'Exercice de ses régimens de Cavalerie & d'Hussards, relativement à la nouvelle composition; ladite Ordonnance à nous adressée, avec ordre de tenir la main à son exécution.

Nous, en vertu du pouvoir que le Roi nous en a donné, à cause de notre charge de Colonel-général de la Cavalerie.

Mandons à Monsieur le Marquis de Castries, Mestre-de-camp-général de la Cavalerie, de tenir la main à ce que ladite Ordonnance soit ponctuellement exécutée.

Ordonnons à tous Brigadiers, Mestres-de-camp, Lieutenans-colonels, Majors, Capitaines & autres Officiers de Cavalerie & d'Hussards, de s'y conformer & de la faire exécuter selon son contenu, chacun en ce qui les concerne : & seront ladite Ordonnance & la présente, afin qu'aucun n'en prétende cause d'ignorance, publiées à la tête des régimens de Cavalerie & d'Hussards : En témoin de quoi nous avons fait expédier la préfente, que nous avons fignée & fait contre-figner par le Se-crétaire-général de la Cavalerie. DONNÉ à Paris le fixiéme jour de Juin mil fept cent foixante-dix-fept. *Signé*, LE MARQUIS DE BÉTHUNE. *Et plus bas*, Par Monfeigneur.

*Signé*, ROBERT DE FRÉMUSSON.

---

## MARIE-FRANCOIS-HENRI DE FRANQUETOT, DUC DE COIGNY, *Colonel-général des Dragons, Maréchal-de-camp, Chevalier des Ordres du Roi, fon premier Ecuyer, Grand-Bailli & Gouverneur des ville & château de Caen, des ville & citadelle de Cambrai & de Choify-le-Roi, & Capitaine des Chaffes de la Varenne du Louvre.*

VU l'Ordonnance du Roi du premier Mai 1777, par laquelle Sa Majefté explique fes intentions pour régler l'Exercice de fes régimens de Dragons, relativement à la nouvelle compofition; ladite Ordonnance à nous adreffée, avec ordre de la faire exécuter felon fa forme & teneur.

Nous, en vertu du pouvoir que le Roi

nous en a donné, à caufe de notre charge de Colonel-général des Dragons;

Mandons à Monfieur le Duc de Luynes, Meftre-de-camp-général des Dragons, de tenir la main à ce que ladite Ordonnance foit ponctuellement exécutée.

Ordonnons à tous Brigadiers, Meftres-de-camp, Lieutenans-colonels, Majors, Capitaines & aurres Officiers & Commandans de Dragons, de s'y conformer, & de la faire exécuter felon fa forme & teneur, chacun en ce qui les concerne : Er feront ladite Ordonnance & la préfente, afin qu'aucun n'en prétende caufe d'ignorance, publiées à la tête de chaque régiment de Dragons : En témoin de quoi nous avons fait expédier la préfente, que nous avons fignée & fait contre-figner par le Secrétaire - général des Dragons. Donné à Paris le quinziéme jour de juin mil fept cent foixante·dix-fept.

*Signé*, LE DUC DE COIGNY.

*Et plus bas*, Par Monfeigneur.

*Signé*, DE LA MINIERE.

# INSTRUCTION

## D'ÉQUITATION,

### *Que le Roi enjoint aux Chefs des Corps de faire suivre exactement.*

A l'arrivée d'un homme de recrue, le Brigadier de la section dans laquelle il sera entré, sera chargé de lui montrer tous les détails qui ont rapport au pansement du cheval ; à lui lever & tenir les pieds, & successivement à lui faire les crins, le seller, le brider & le charger.

## DE L'ÉQUIPEMENT DU CHEVAL.

### *Pour seller un cheval.*

RELEVER les sangles & la croupiere sur le siége ; prendre la selle de la main gauche à l'arcade de l'arçon de devant, & de la main droite au troussequin ; la poser doucement sur le corps du cheval, sans le surprendre, passer la croupiere, élever ensuite la selle pour la porter en avant, sangler le cheval par degré, la sangle de derriere moins serrée que celle du devant.

Observer, pour que la selle soit à sa place, que la pointe du quartier de devant tombe d'à-plomb sur le coude du cheval, qu'on puisse passer aisément trois doigts entre l'arcade de

felle & le garot ; que la croupiere foit ai-
'e, & qu'il n'y ait point de crins entre le cu-
ron & la queue du cheval.

Que le poitrail foit au-deſſus du mouve-
ent de l'épaule, & pas trop ſerré : on aura
ttention que le cheval ne foit ni trop, ni
rop peu ſanglé ; qu'il ne ſe trouve aucun
ontre ſanglon ni porte-étriers entre la ſelle
    le corps du cheval, & que les boucles
es étrivieres ſe trouvent cachées ſous les
uartiers.

## *Pour brider un cheval.*

TENIR la têtiere de la bride de la main
gauche, les rênes ſur le bras ; prendre avec la
main droite tous les crins du toupet , plaçant
le coude droit ſur l'encolure ; élever enſuite
la têtiere, pour la faiſir par le milieu du deſſus
de tête, avec le pouce & le premier doigt de
la main droite , ſans abandonner le toupet,
laiſſant pendre le mors au-deſſous de la bouche du cheval ; quitter la têtiere de la main
gauche, pour guider le mors, en le ſoutenant
ſous l'angle du canon avec le pouce , plaçant
en même temps les autres doigts par derriere
la branche droite, dans la bouche du cheval
au-deſſus des crochets pour la lui faire ouvrir ;
élever alors de la main droite la têtiere pour
faire entrer le mors , guidé par le pouce gauche ; la main gauche empoignant enſuite le
toupet entre le deſſus de la tête & le frontal,

donnera la liberté à la main droite d'y passer les oreilles , commençant toujours par celle du hors-montoir, dégageant bien tous les crins du toupet.

On passe auparavant le bridon au cheval , comme il vient d'être prescrit pour la bride.

Boucler ensuite la muserolle, la serrant sans qu'elle gêne , puis la sous-gorge , la laissant aisée ; mettre la gourmette, en la prenant par le dernier maillon avec le pouce & le second doigt de la main droite , présentant le plus gros côté en dedans; l'accrocher , en poussant avec le premier doigt le second maillon dans le crochet, que l'on contient de la main gauche, par derriere l'œil du mors , avec les deux premiers doigts ; on soutient pendant ce temps les rênes sur le bras gauche, ou on les passe auparavant sur le cou du cheval , pour agir plus librement.

On observera , pour que le mors soit bien placé , qu'il porte au-dessus des crochets sans les toucher ; le point le plus convenable est à un travers de doigt environ au-dessus des crochets d'en haut ; que la gourmette soit sur son plat, qu'elle soit placée entre la bride & le bridon, afin que ce dernier puisse agir sans la faire remuer : il faut que le crochet & l'*S* soient de la même longueur , afin que le milieu de la gourmette porte sur le milieu de la barbe du cheval , & que l'appui ne s'en fasse pas plus sentir d'un côté que de l'autre : le frontal

du bridon ou du licol doit être entiérement
caché par celui de la bride.

*Pour mettre un caveſſon à un cheval.*

Il faut qu'il ſoit placé aſſez haut pour ne
point gêner la reſpiration, & que la muſerolle paſſe ſous les montans du gros bridon
(ou entre le montant de la bride & du bridon, ſi le cheval eſt en bride), & la fauſſe
ſous-gorge par-deſſus les deux ; que l'un &
l'autre ſoient bien ſerrés, pour que le caveſſon
ne puiſſe pas tourner ; ce qui feroit porter la
joueliere du dehors ſur l'œil du cheval.

Chaque régiment aura, autant que faire ſe
pourra, quelques chevaux de bois, pour donner les premiers principes aux commençans, ou
faute deſquels on ſe ſervira des chevaux les
plus tranquilles ; & lorſqu'ils ſeront confirmés
dans les premieres leçons de poſition, d'uſage
des mains & des jambes, on les fera marcher
à la longe.

# PREMIERS ÉLÉMENS
## D'ÉQUITATION.
### *Pour monter à cheval.*

S'approcher de l'épaule du cheval,
prendre le bout des rênes de la main droite
pour les élever & les ſaiſir de la gauche (paſſant le petit doigt entre les deux rênes), au
point que le cheval ne recule pas, prenant en
même temps une poignée de crins, jetter en-

suite le bout des rênes en avant, prendre l'étrier gauche, y mettre le pied gauche du côté de la boucle de l'étriviere, porter la main droite sur le troussequin, s'élever sur le pied gauche, le genou d'à-plomp en s'élançant de la pointe du pied droit, sans tirer la selle à soi, restant un temps le corps droit sur l'étrier ; passer la jambe droite tendue par-dessus la croupe, sans la toucher ; du même moment porter la main droite sur l'arçon de devant, le pouce en-dehors, les doigts en-dedans pour soutenir le corps & arriver doucement en selle.

Dans les premieres leçons qu'on donnera, on expliquera la posture que le Cavalier doit garder à cheval, en se conformant à ce qui suit.

Il faut que les deux fesses portent également sur le siége, l'assiette près du pommeau, les reins droits, fermes & bien soutenus, le haut du corps aisé, libre & droit, contenant l'assiette par son propre poids & son équilibre.

Les épaules libres, tombantes, & la poitrine saillante.

Les bras libres, les coudes tombans naturellement.

La main de la bride éloignée du corps d'environ quatre doigts, & élevée au-dessus du pommeau d'environ trois doigts.

Les doigts fermés, le petit entre les rênes, & le pouce fermé sur la seconde jointure du premier doigt pour les contenir égales.

Le poignet bien foutenu, le haut plus élevé
que l'avant-bras, les doigts en face du corps,
le petit doigt plus près du corps que le haut
du poignet.

La main droite tombant naturellement lorfqu'elle n'eft point occupée, la tête droite &
libre.

Les cuiffes, depuis les hanches jufqu'aux
genoux, tombant prefque d'à-plomb, tournées
en dedans & collées au quartier de la felle fans
roideur.

Le pli des genoux liant pour opérer des
jambes.

Les jambes libres & tombantes fous les
genoux.

Les pieds paralleles au corps du cheval, fans
eftropier les chevilles.

Les pointes des pieds, lorfqu'on eft fans
étrier, tombant naturellement.

Lorfqu'on fe fert des étriers, pour qu'ils
foient au point convenable, il faut que l'homme en s'élevant puifle paffer aifément la main
fermée, ou quatre doigts entre la felle & l'en-
fourchure.

Les étriers doivent foutenir le poids de la
jambe, de maniere que le talon foit plus bas
que la pointe du pied, plaçant la racine du
pouce fur le milieu de la grille, excepté dans
les manœuvres que les étriers doivent être
chauflés, la grille de l'étrier touchant le talon
de la botte.

Après

Après avoir établi la posture du Cavalier, on lui fera exécuter les mouvemens ci-après.

Les premieres leçons devant être données en bridon, on fera féparer les rênes.

Prendre une rêne dans chaque main, les doigts fermés, le pouce alongé fur chaque tête, les poignets foutenus & féparés, les doigts fe faifant face, les coudes tombans naturellement.

### Pour marcher.

FERMER les jambes, felon le befoin, en baiffant fuffifamment les poignets.

### Pour tourner à droite.

PORTER les deux poignets en avant, les foutenant à droite ; fermer progreffivement la jambe droite ; les mains légeres, fi l'on doit marcher.

### Pour tourner à gauche.

MOUVEMENS contraires.

### Pour faire halte.

ELEVER les poignets, le corps affuré, les deux jambes près ; le cheval ayant obéi, diminuer l'effet des mains & des jambes.

Si le cheval n'obéiffoit pas, on fcieroit du bridon, en élevant alternativement chaque rêne plus ou moins, fuivant la fenfibilité du cheval.

### Pour croifer les rênes dans la main gauche.

PASSER la rêne droite dans la main gau

L

che pour la placer sous la rêne gauche, de façon que l'extrémité supérieure sorte du poignet gauche du côté du petit doigt.

## *Pour mettre pied à terre.*

PRENDRE de la main droite par-dessous les rênes une poignée de crins que l'on saisira de la gauche, porter ensuite la main droite sur la botte, le pouce en-dehors, les doigts en-dedans, s'élever sur l'étrier gauche, passant la jambe droite tendue par-dessus la croupe sans la toucher ; la main droite se portant en même temps sur le troussequin pour soutenir le corps un temps sur l'étrier, descendre ensuite sans tirer la selle à soi, arrivant à terre sur la pointe du pied.

## *MANIERE dont il faut mener le cheval en main, soit avant de le monter ou après avoir mis pied à terre.*

LES Cavaliers meneront leurs chevaux par le gros bridon ou par la bride qu'ils tiendront de la main droite, les ongles en dessus, au-dessous & à six pouces environ des branches du mors ; soutenant le bout des rênes de la main gauche, les ongles en-dessous, le bras tombant.

Arrivés au rendez-vous & placés dans le rang, si les chevaux sont bridés, ils mettront la gourmette & se placeront ensuite en avant de leurs chevaux, leur tournant le dos, les rênes passées dans le bras gauche, les tenant à pleine main, le pouce gauche près du bouton, le poignet fur l'eftomac.

On menera les chevaux en main de la main gauche, en employant les mêmes moyens en fens contraires.

# LEÇON POUR MENER LE CHEVAL
## AVEC LA BRIDE.
### *Pour ajufter les rênes.*

LES faifir avec le pouce & le premier doigt de la main droite, au-deffus & près du pouce gauche, les élever perpendiculairement coulant la main jufqu'au bouton, les derniers doigts ouverts, les ongles en avant, le coude un demi-pied plus bas que la main, entr'ouvrir les doigts de la main gauche, le pouce élevé pour laiffer égalifer les rênes; après quoi la main droite les abattant fe remettra à fa pofition, ainfi que le pouce gauche.

On expliquera au Cavalier, que dans tous les mouvemens de la main, le bras doit agir librement fans que l'épaule fe roidiffe.

Il eft néceffaire de faire quelquefois déranger l'affiette au Cavalier, pour lui apprendre à la retrouver, dans le cas où elle feroit dérangée par l'action de fon cheval.

Pour cet effet on lui fera jetter l'affiette à droite ou à gauche, d'un coup de hanche, fans fe pencher ni fans déranger le haut du corps,

On la redreſſera par le même moyen ; à l'avertiſſement *Garde à vous.*

Le Cavalier approchera les deux jambes en aſſurant la main pour raſſembler ſon cheval.

En général le Cavalier doit tenir les rênes courtes ; le cheval ne doit pas avoir la bouche trop ſenſible ni les aides trop fines.

### Au commandement Marche.

FERMER les deux jambes plus ou moins , la main ſuffiſamment légere ; ce qui s'exécutera en baiſſant un peu la main , le poignet toujours ſoutenu.

### Pour former un demi-arrêt.

ÉLEVER la main par dégré juſqu'à ce que le cheval ralentiſſe ſon allure , réglant en même temps l'effet des jambes ſur celui de la main.

### Pour tourner à droite.

PORTER la main à un demi-pied environ en avant , la ſoutenant à droite , en ſentant les deux rênes égales ; l'épaule déterminée , on fermera la jambe droite , la main légere en proportion.

### Pour tourner à gauche.

SOUTENIR de même la main en avant & à gauche , le coude détaché du corps , fermer la jambe gauche , &c.

### Pour appuyer à droite.

SOUTENIR la main en avant & à droite ,

portant en même temps le poids du corps à droite ; les épaules du cheval étant déterminées on fermera la jambe gauche pour faire suivre les hanches, les contenant de la jambe droite felon le befoin.

### *Pour appuyer à gauche.*

SE conformer aux mêmes principes, en exécutant les mouvemens contraires.

### *Pour prendre le bridon de la main droite.*

PRENDRE par-deffus les rênes de la bride , le bridon par le milieu, les ongles en deffous pour tenir le cheval au même dégré qu'on le tiendra de la bride, ayant auffi-tôt la main gauche légere.

On fe fervira alternativement & de temps en temps de la bride & du bridon pour ralentir fon cheval ou lui rafraîchir les barres, mais jamais des deux à la fois.

### *Pour lâcher le bridon.*

ASSURER la main de la bride en raffemblant fon cheval & abandonner le bridon.

### *Pour pincer des deux.*

LORSQU'UN cheval n'obéit pas aux jambes, appuyer vigoureufement les deux talons derriere les fangles & fans à-coup, le corps & la main affurés ; un temps après on relâchera les jambes.

### *Pour rendre la main.*

PRENDRE à un demi-pied de la main

gauche les rênes à pleine main de la droite, le pouce en-deſſus ; la porter au-deſſus de la main gauche, le poignet bien ſoutenu & près du corps, les ongles y faiſant face ; former un demi arrêt en élevant la main droite entr'ouvrant les doigts de la gauche, le pouce élevé, les deux jambes près ; lorſque le cheval ſe ſoutiendra, relâcher les jambes en baiſſant la main droite vers le pommeau de la ſelle plus ou moins, la paſſant entre le corps & la main gauche qui reſtera à portée de reprendre les rênes ; ramener enſuite les rênes dans la main gauche en élevant la main droite près du corps, & dès que les rênes font effet, approcher un peu les jambes, fermer la main gauche, lâchant les rênes de la droite.

### *Pour raccourcir ou alonger les rênes.*

MEMES principes que pour rendre la main.

### *Pour faire halte.*

SOUTENIR le corps, élever en même temps la main par degrés, les deux jambes près.

Dès que le cheval aura obéi, relâcher les jambes & la main.

### *Pour reculer.*

MEMES principes que pour arrêter, obſervant d'avoir la main légere toutes les fois que le cheval obéit à ſon effet.

Pour ceffer de reculer, la main légere, les deux jambes près ; le cheval ayant obéi, relâcher la main & les jambes.

## Pour prendre la bride dans la main droite.

PRENDRE la bride dans la main droite, comme il eft prefcrit pour rendre la main, le poignet foûtenu près du corps, vis-à-vis la poitrine, les doigts également éloignés du corps, la main gauche tombant fur le côté.

On menera fon cheval de la main droite dans les inftructions particulieres, & lorfqu'on marchera à main gauche dans le manége, en fuivant les mêmes principes indiqués pour la main gauche ; mais dans les rangs & pendant les manœuvres, on tiendra la bride de la main gauche.

La bride étant dans la main droite, on la prendra de la gauche pour ajufter les rênes.

Il eft effentiel de mettre les Cavaliers bien au fait des termes dont on fe fert dans la leçon de pied ferme, afin que leur attention ne foit pas trop partagée lorfqu'ils feront exercés, foit à la longe ou en liberté.

Lorfque les Cavaliers concevront & exécuteront bien les mouvemens ci-deffus, on les exercera dans les manéges ou cariere.

Les Cavaliers s'étant rendus au manége, l'Officier chargé de donner leçon, les fera monter à cheval, & diftribuera fon travail comme il le jugera néceffaire. Les commençans feront exercés fans étriers pour qu'ils prennent bien le fond de la felle, & leurs chevaux feront en bridon d'écurie.

On fe conformera, dans les leçons qu'on donnera aux Cavaliers, aux mêmes principes établis ci-devant fans y rien ajouter.

Lorfqu'on commencera à faire monter les Cavaliers à cheval, on les fera marcher au pas à la longe, d'abord carrément, tenant la longe courte pour les conduire & faire tourner, obfervant de faire arrêter fouvent ; on leur fera enfuite achever la reprife, en les faifant marcher circulairement au pas & au trot, les arrêtant fouvent & les faifant reculer quelquefois, pour qu'en peu de temps ils acquierent l'intelligence de conduire leurs chevaux.

On aura attention que les Cavaliers s'ac-coûtument à fe fervir de leurs mains & de leurs jambes fans que le corps fe dérange de fon affiette.

Après que les Cavaliers auront été exercés à la longe le temps néceffaire, & qu'on les jugera en état de marcher en liberté, on en fera marcher un certain nombre à la fois en file.

Jufqu'à ce que les Cavaliers foient bien con-firmés dans leur pofture, on ne leur fera exécu-ter d'autres mouvemens que de doubler, chan-ger de main fur une pifte ; on leur fera faire de plus des *demi à droite*, des *demi à gau-*

che, des *à droite*, des *à gauche*, des *demi-
tour à droite* & *à gauche*. Ces premieres leçons seront terminées par les former sur un
rang, les faire marcher quelques pas en avant
& en arriere, pour leur apprendre les principes de l'alignement.

Lorsqu'on jugera qu'ils seront en état d'exécuter des mouvemens plus vifs & plus com-
posés, on les fera marcher au galop en doublant & repassant au trot pour changer de
main; on les exercera ensuite à marcher en
cercle la demi épaule en dedans, & à appuyer
de droite & de gauche par des pas de côté sur
la même ligne.

Pour faire marcher les Cavaliers au galop,
on les fera partir du pas au trot, & du trot au
galop, les faisant toujours marcher en file pour
cette allure. Ils repasseront du galop au trot,
& du trot au pas, pour ensuite faire halte.

On aura attention que les Cavaliers main-
tiennent leur chevaux bien droits en marchant.

On exercera quelquefois les Cavaliers les
plus instruits armés en guerre & on leur fera
faire de temps à autre une reprise le sabre à
la main.

A mesure qu'ils se fortifieront, & qu'on
les jugera en état de manœuvrer par division
de douze, de seize ou de vingt-quatre hommes, selon la grandeur du terrein, on les fera
marcher tous ensemble par deux, par quatre,

leur faifant exécuter des demi à droite, des
demi à gauche, des à droite, des à gauche,
des demi-tours à droite & des demi-tours à
gauche; fe former fur deux rangs, exécuter
des mouvemens de converfion par troupe,
marcher en avant bien alignés, faire des demi-
tours à droite par homme, &c.

On fera tirer de temps en temps des coups
de piftolet, d'abord en détail, & puis par rang
& par troupe.

Comme il eft de toute néceffité que les Cavaliers fachent fe fervir de leurs armes avec
adreffe, & principalement du fabre ( arme de
la Cavalerie ), il eft indifpenfable de leur
apprendre à s'en fervir avec avantage.

## MOYENS de dreffer les chevaux.

La douceur & la patience font abfolu-
ment néceffaires pour dreffer les chevaux; on
ne doit exiger d'eux que ce que leurs forces
leur permettent de faire, & on ne doit employer les châtimens qu'à l'extrémité.

C'eft à l'écurie qu'on accoutumera les chevaux à être fellés & bridés, en les y amenant
par degrés, ainfi que pour les monter & defcendre.

Il faut débourrer les jeunes chevaux à la
longe, mais avec beaucoup de précaution &
de fageffe; les arrêter fouvent en les faifant
venir à foi, & les careffer.

Lorfqu'un cheval faute & veut galoper,

il faut secouer légérement & horizontalement la longe, ou lui donner de petites saccades de caveſſon, pour le remettre au trot ou au pas.

Après qu'on l'aura arrêté & fait venir à ſoi, on le fera reculer quelques pas, en lui donnant quelques légeres ſaccades de caveſſon, & quelques petits coups de gaule ſur les jambes de devant; dès qu'il aura obéi quelques pas, on le careſſera : il importe peu qu'il recule droit ou non, pourvu qu'il comprenne ce qu'on lui demande. S'il n'obéiſſoit point au caveſſon, on prendroit, ſans le monter, les rênes du bridon, que l'on éleveroit, pour le faire reculer, en continuant de ſe ſervir du caveſſon, & même de la gaule.

Si le cheval eſt en âge d'être monté, c'eſt-à-dire qu'il ait quatre ans faits, on le fera monter par un Cavalier ſage & intelligent, pour lui faire connnoître les aides inſenſiblement.

Quand le cheval obéira bien à la longe, on le menera en liberté ; mais s'il avoit de la diſpoſition à ſe défendre, il faudroit le remettre à la longe, & en uſer ainſi juſqu'à ce qu'il obéiſſe parfaitement en liberté.

## ATTENTIONS qu'il faut avoir pour les chevaux qui ſe défendent.

LORSQU'UN cheval donne des coups de tête en avant, ce qui s'appelle *battre à la main*, il faut tenir la main aſſurée dans ce moment & les jambes près.

Lorſqu'un cheval fait *une pointe*, c'eſt-à-dire lorſqu'il s'éleve du devant, il faut avoir la main légere; car en ſe tenant à la main, on courroit riſque de faire renverſer le cheval.

Lorſqu'en fermant une jambe, le cheval ſe défend en donnant du pied au talon du Cavalier ( ce qui s'appelle *ruer à la botte* ), il faut le pincer vigoureuſement pour le châtier.

Lorſqu'un cheval rue , il faut mettre le haut du corps en arriere, ſoutenir la main ferme en avant en approchant les jambes, & le pincer des deux s'il continue.

Lorſqu'un cheval héſite de ſe porter en avant, il faut le chaſſer des jambes, en le décidant de la main en avant; & s'il s'y refuſoit, il faudroit le pincer vigoureuſement; la plupart des chevaux qui ſe défendent, ne le font que parce qu'on ſe tient à la main, c'eſt pourquoi il faut leur donner beaucoup de liberté.

Il en eſt qui ſe défendent par foibleſſe ; il ne faut exiger d'eux que ce que leurs forces leur permettent.

Les chevaux qui ſe défendent par la peur que leur cauſe quelque objet, ne ſont point dans le cas du châtiment; il ne faut point prétendre de les aguerrir en les bruſquant, mais en leur donnant de la confiance; & pour y parvenir, il faut continuer de les porter en avant fans les approcher trop de l'objet qu'ils craignent.

Il faut qu'un jeune cheval foit bien fouple au trot alongé avant de le mettre au galop.

Lorfqu'on commencera à mettre un jeune cheval au galop, on lui fera faire quelques tours ; & on l'arrêtera enfuite du galop au trot, & du trot au pas.

Pour préparer un cheval au pas de côté, on le proménera fur un cercle, la demi-épaule en dedans pour l'affouplir & l'accoutumer à paffer la jambe de dedans par-deffus celle de dehors ; on lui fera faire enfuite quelques pas de côté fur la même ligne & fort doucement.

Lorfqu'on arrête un cheval, il faut y aller fort doucement dans les commencemens, de même que pour le reculer, afin de ne point lui fatiguer les jarrets ni les reins.

Il y a des chevaux qui ont l'arrêt fourd, & qui n'obéiffent pas aux premiers effets de la main ; ceux-là exigent plus de précaution & de patience.

Lorfqu'après avoir reculé un cheval, on voudra le porter tout de fuite en avant, il ne faudra point le précipiter, mais le raffembler doucement pour lui donner la facilité de s'y porter. Toutes les fois qu'un cheval obéit à ce qu'on lui demande, il faut avoir la main

légere ou lui rendre la main, c'eft la feule ré-
compenfe qu'on puiffe lui donner, comme
auffi de le defcendre quelquefois quand il a
fait les chofes qui lui coûtent le plus.

L'intention de Sa Majefté eft que la préfente Inftruction foit exactement fuivie, &
Elle défend très-expreffément aux Commandans des Corps & aux Officiers chargés de la
partie de l'équitation, d'y faire aucun changement, fous quelque prétexte que ce foit.

Fait à Verfailles le premier Mai mil fept
cent foixante-dix-fept.

*Signé*, LOUIS.

*Et plus bas*, Saint-Germain.

FIG. I.

## 4. ESCADRON.

Lieut Colonelle.  1. Peloton. — 1. Section.  2.  2<sup>e</sup>.

2. Peloton. — 4. Section.  3<sup>e</sup>.

Cp

I. Col.

M¹   S¹   C        M   S   C

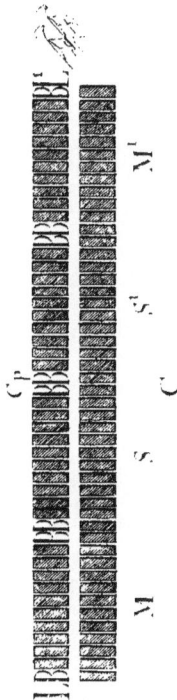

## 5. ESCADRON.

2<sup>e</sup> Capitaine.  1. Peloton. — 1. Section.  2.  2<sup>e</sup>.

2. Peloton. — 4. Section.  3<sup>e</sup>.

Cp

I. Col.

M¹   S¹   C        M   S   C

*FORMATION EN BATAILLE*
*d'un Regiment de Cavalerie de Hussards*
*ou de Dragons.*

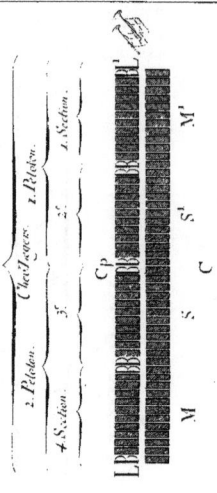

*3. Escadron.*

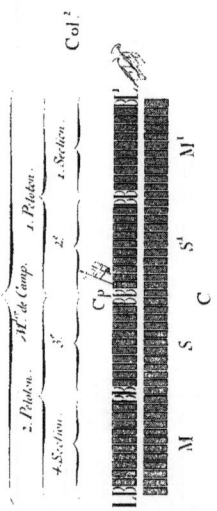

*2. Escadron.*

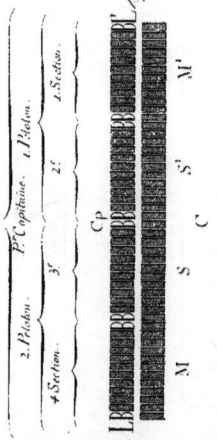

*1. Escadron.*

PELOTON
D'Escorte pour
les Etendards.

FIG. 5.

FIG. 2.

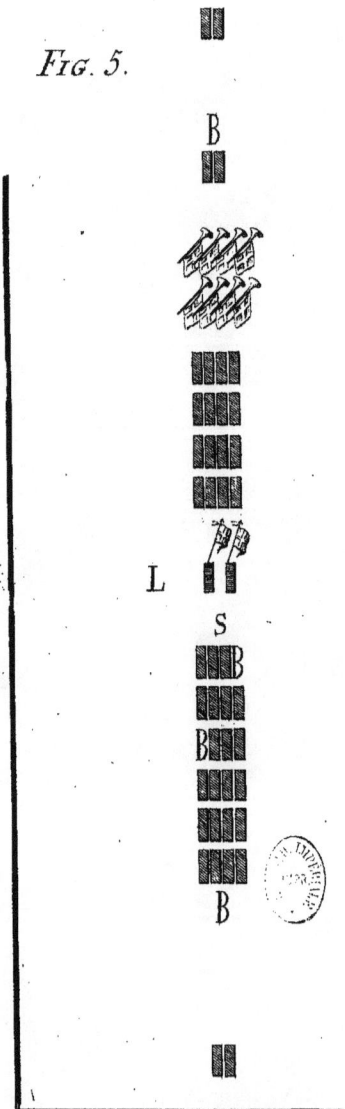

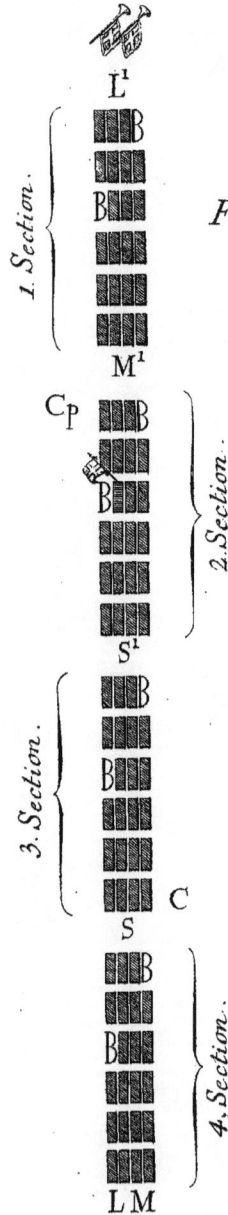

1. Section.

2. Section.

3. Section.

4. Section.

L¹

M¹

Cp

S¹

C

S

LM

L

S

B

# ESCADRON
## en Colonne par Sections.

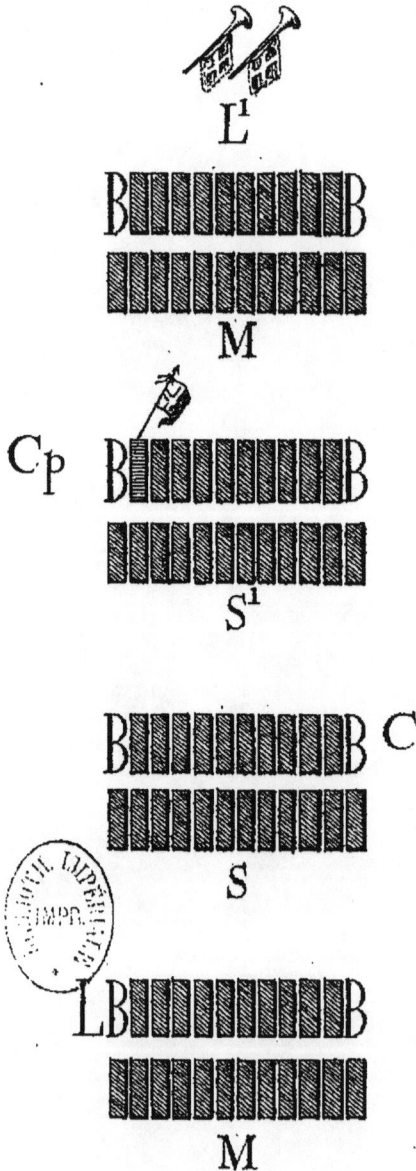

FIG. 3.

L¹

B|||||||||B

||||||||||

M

Cp B|||||||||B

||||||||||

S¹

B|||||||||B C

||||||||||

S

LB|||||||||B

||||||||||

M

# ESCADRON
## en Colonne par Pelotons.

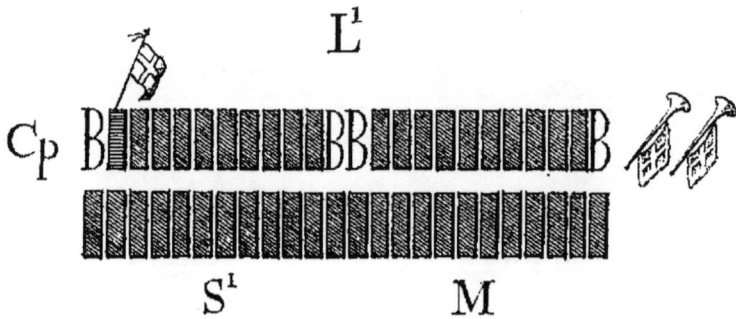

$L^1$

$C_P$

$S^1$        M

IG. 4.

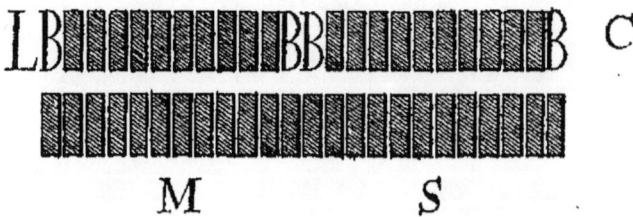

C

M        S

## FIG. 6.

### FORMATION d'une Troupe de Cent Maitres.

2. Peloton.  1. Peloton.

4. Section.  3ᵉ  2ᵉ  1. Section.

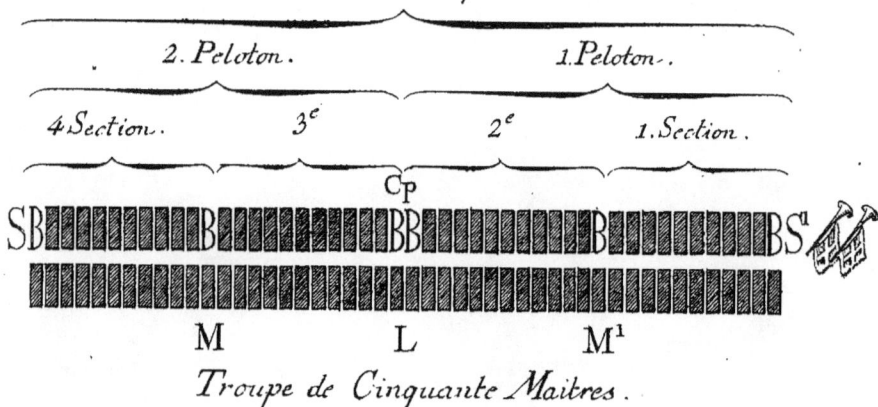

M  L  M¹

### Troupe de Cinquante Maitres.

2. Section.  1. Section.

FIG. 7.

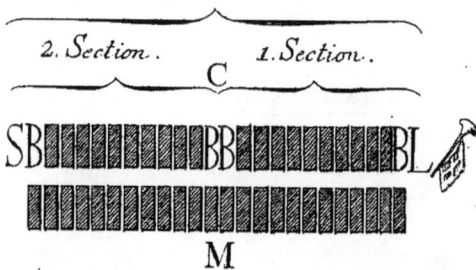

M

FIG. 8.

### Troupe de 34 Maitres.

¼ Section.  ¼ Section.

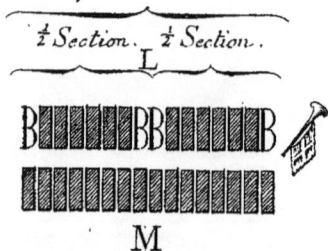

M

### Troupe de 24 Maitres.

¼ Section.  ¼ Section.

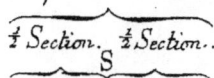

FIG. 9.

M

55 ... pas ... & a p.

Distances, intervalles, p. 47.

Colonne a distance d'entre

pour Bataille Ouvert;

a distance de front pour

Bataille en ... V. a

84.

www.ingramcontent.com/pod-product-compliance
Lightning Source LLC
Chambersburg PA
CBHW072034090426
42733CB00032B/1710